種籽文化

種籽文化

每個人都是自己
命運的設計師

一個人不能因為眼前，或者已經過去的不愉快，而錯過明天的希望。

每個人都應該對自己的生活負責任，你現在的處境正是你自己造成的。

胡可瑜 著

CONTENTS

目錄

CONTENTS

前言

一位軍官奉命到沙漠裏參加演習，他的妻子為了陪丈夫就跟著他來到沙漠的陸軍基地，白天丈夫參加演習，就把她一個人留在營地的小房子裏。沙漠的白天溫度很高，天氣熱得受不了，即便是在仙人掌的陰影下也有華氏一百零五度。而最讓這位妻子難受的是她沒有可以聊天的對象，因為在她身邊周遭只有墨西哥人和印第安人，而他們都不會說英語，她本人也不會墨西哥語和印第安語，每天她唯一能做的事情就是盼望丈夫早點回來，她心裏非常難過，於是就寫信給父母，說她想要拋開一切回家去。

父親的回信很短，只有簡單的兩行，但就是這兩行字卻永遠留在她心中，甚至完全改變了她的生活，那兩行字是這麼寫的：「兩個人同時從牢房中的鐵窗往外看，一個人看到泥土，另一個人卻看到了星星。」

父親的回信簡短而有力，讓她內心為之一顫，女兒也明白了父親的用心良苦，慚愧的她決定要在沙漠中找到星星。

於是妻子便開始努力的和當地人交朋友，而當地人也很熱情的和她交往，漸漸的她開始對當地人的生活感到興趣，而當地人也很大方的把自己最喜歡但又捨不得賣給觀光客的物品都送給了她。她研究那些引人入迷的仙人掌和各種沙漠植物，又學習有關沙漠動物的知識。有時間，她還和當地人一起觀看沙漠中的日落，尋找幾萬年前，這沙漠還是海洋時，所留下來的海螺殼化石，她的生活開始發生了很大的變化，之前難以忍受的環境竟變成了令人興奮、留連忘返的奇景，她開始喜歡上了這個地方。

沙漠還是沙漠，土著人還是土著人，那麼是什麼導致主人翁的生活發生了一百八十度的轉彎呢？答案就是「心情」。因為她不再只是看到了泥土，而是她看到了許多的星星。

世界上只有兩種人：失敗平庸的人和成功卓越的人。成功卓越者活得充實、自在、瀟灑，失敗平庸者過得空虛、艱難、沮喪。究其原因，僅僅是因為這兩種人的心態不同，特別是在關鍵時刻的時候，往往會決定一個人的命運；或者更準確地說，是自己控制心情的能力有所不同。**只有糟糕的心情，沒有糟糕的事情，一%的壞心情會導致一〇〇%的失敗。**成功者並不是獲得了上蒼更多的恩賜，也不是他們的能力有多麼的超群，而是因為他們善於控制自己的心情，能在絕望的時候看到希望，能在黑暗的時候看到光明，所以他們心中永遠燃燒著激情和樂觀的心態，而且永遠擁有樂觀向上、不斷奮鬥的動力。相反，失敗者並不是真的像他們所抱怨的那樣缺少機會，或者是上天不公平的虧待自己；他們之所以失敗是因為他們沒有學會控制好自己的心情，失意時一味抱怨不思東山再起，落後時不想奮起直追，消沉時只會借酒消愁，得意時又會忘乎所以。一個連自己的心情都控制不了的人還能控制其他的東西嗎？

我們都不可避免的會遭受到現實生活的種種磨難和衝擊，我們都會經歷痛苦也會遭受失敗，**人生不如意十有八九，我們不能改變過去，但我們可以把握未來；我們不能左右事情，但我們可以左右心情。**

不管生活的困境多麼艱難，不管世俗的眼光多麼陳腐，用一雙純真的眼睛去看待事情，用一顆平常心去體味人生，為人常思己過，處事知足常樂，珍視自己、獎勵自己，給心靈洗個澡，以快樂的心情面對人生。工作中，與人友善，助人為樂，做好工作才有享受生活的資本；

生活中，享受寧靜與平和，找到自己的興趣，享受每一天。

我們不僅僅是因為有值得快樂的事情才快樂，更重要的是，我們要為自己創造能夠讓自己快樂的事情。學會愛自己、照顧自己，擁有健康的體魄，用全部的愛來構建快樂的家庭、給自己的家人快樂，用真心和誠意與人相處、對人友善，以從容的心態對待生活、享受生活。快樂的方法其實很簡單，你對著山問一聲好，山也會向你問好；你對別人一個微笑，別人也會給你一個微笑；你用快樂的心情對待生活，生活自然會回報給你更多的快樂。擁有好心情，才能做好事情；擁有好心情，才能有快樂的人生。心情好，才能為你帶來更多的好運氣！

第一章

放下過去，迎接好心情

成功與否，往往只是態度的差別。你還在為昨天的事而流淚嗎？還沒有在各種的衝擊和誘惑中做出抉擇嗎？趕快走出自己的路，追求自己的目標，做一個追夢人。在漫漫的人生道路上，雖然會遇到許多的險阻，但是不要害怕挑戰，用智慧來武裝自己，一路上與自信相伴，勇敢一些！生活對於勇士從不吝嗇，大膽憧憬吧，一切皆有可能。每天都有好心情，就從忘記過去開始。

一、放下是一種幸福

有一個富翁帶著許多金銀財寶，想到遠處去尋找快樂，可是走過了千山萬水，也未能尋找到快樂，於是他沮喪地坐在山路旁。這時候，一個農夫背著一大捆木柴從山上走了下來，富翁對農夫說：「我是個令人羨慕的富翁，可是我為什麼沒有快樂呢？」

農夫放下沉重的木柴，拿起毛巾擦拭臉上的汗水說：「快樂其實很簡單，放下就是快樂呀！」富翁聽完頓時開悟：自己帶著那麼多且重的珠寶，一路上老是怕別人搶和算計，整日憂心忡忡，如何能快樂起來呢？於是富翁在路過的地方將珠寶、錢財接濟窮人，專做善事，慈悲為懷，這樣滋潤了他的心靈，最後他也嚐到了快樂的滋味。

有這樣一個故事：一老一少兩個和尚下山化緣，回來路上經過一條河，旁邊一位婦女因河水太深而過不了河，正在傷心難過，老和尚思索了一下便將婦人背過了河。過了河之後，老和尚放下婦人，跟小和尚一起繼續趕路。一路上兩人都沒有說話，快到山上的時候，小和尚終於忍不住了，於是就問老和尚：「男女授受不親，你怎麼可以背那個女人過河呢？」老和尚說：「我在河邊已經把她放下了，為什麼你到現在還沒放下？」

無論對錯，過去的事情終究已成過去，如果我們只記得過去，那活著會很累。在事情過去之後，我們應該學會忘記。否則我們就會像那小和尚那樣，一路都走得很辛苦。

「人生不如意事常十有八九」，這是我們在日常生活中遇到挫折時常有的感慨。的確，縱觀芸芸眾生，有誰能一生都活得春風得意，一帆風順，無波瀾？人的世界背後總有殘缺，命運就如一葉顛簸於海上的小舟，經常會遭受波濤無情的襲擊。「萬事如意」只不過是美好的祝福而已，在活生生的現實面前它顯得總是如此蒼白無力。因此，我們應學會忘記，忘記過去生活中不如意的事帶給我們的陰影。不要輕易說：「想要把你忘記真的好難」，不要固執的搖著頭說：「痛苦的往事怎能說忘就忘」。只要退一步想一想，給人類帶來光明的太陽也有黑子，給我們柔和之美的月亮也有陰晴圓缺，我們就能漸漸忘記昨天生活給我們帶來的挫折感，坦然的面對今天，微笑的迎接明天的生活。

也許我們曾經躊躇滿志，豪情萬丈，想大展宏圖，但是生活的道路卻總是坑坑洞洞，崎嶇不平；也許我們樂於平凡，甘於淡泊，嚮往寧靜以致遠，但是生活的海洋卻總是不時的揚起風浪。於是，我們感到很累，很徬徨，很失意，很痛苦，而所有的這些煩惱，只緣於我們沒有學會「忘記」，總是對那傷心的昨天念念不忘，對過去的不如意耿耿於懷，使得寶貴的今天痛苦萬分，讓憂傷占據，並在渾然不覺中與今天失之交臂。

我們無法抗拒生命的流逝，就像我們無法抗拒每天太陽的東升西落。因此，我們應學會忘記。不要總把命運加給我們的一點兒痛苦，在我們有限的生命裏拿來反覆咀嚼回味，那樣將得不償失，並且是百害而無一利；一味地緬懷和沉醉其中，只能使我們的意志薄弱，長此以往，必然將導致我們錯失時機以至一事無成，如此惡性循環，也必然使得我們的痛苦與日俱增。

在一次關於生活藝術的演講中，教授拿起一個裝著水的杯子，問在座的聽眾：「猜猜看，這個杯子有多重？」

「五十公克」、「一百公克」、「一百二十五公克」……大家紛紛回答。

「我也不知道有多重，但可以肯定人拿著它一點也不會覺得累。」教授說，「現在，我的問題是：如果我這樣拿著幾分鐘，結果會怎樣？」

「不會有什麼。」大家回答說。

「那好。如果像這樣拿著，持續一個小時，那又會怎樣？」教授再次的說。

「手臂會有點酸痛。」一名聽眾回答。

「說得對。如果我這樣拿著一整天呢？」

「那手臂肯定會變得更酸痛，說不定肌肉會痙攣，到時免不了要到醫院一趟。」另外一名聽眾大膽的說。

「很好。在我手上拿著杯子期間，不論時間長短，杯子的重量會發生變化嗎？」

「不會。」大家回答說。

「那麼拿杯子的手臂為什麼會酸痛呢？肌肉為什麼可能痙攣呢？」教授停頓了一下又問：

「我不想讓手臂酸痛、肌肉痙攣，那該怎麼做？」

「很簡單呀。您應該把杯子放下。」一名聽眾回答。

「正是。」教授回答說，「其實，生活中的問題有時就像我手裏的杯子。我們放在心裏幾分鐘沒有關係，但如果長時間的想著它不放，它就可能會侵蝕到你的心力。日積月累，你的精神可能會瀕於崩潰，到那時你就什麼事也沒辦法做了。」

「生活中的問題固然要重視它，不能忽視，但也不能老是放在心上。不要一直惦記著它，要適時的放手，讓自己放鬆放鬆。不然，不知不覺中它會把你壓垮。」

「朋友，當你拿起杯子的時候，要記得把它放下。」

你的手中是否一直在拿著不同的杯子呢？一個裝著失敗，一個裝著挫折，一個裝著懦弱，還有許多裝著我們不如意的過往。如果我們不能學會放下這些包袱，就不會輕鬆的面對生活。放下，就是忘記，就是為了更好的拿起。

忘記昨天，是為了今天的振作。生活中往往會為了一時得失所羈絆，而成功人士都懂得應該如何讓昨天的慘敗變成明日的凱旋。

忘記煩惱，你可以輕鬆地面對未來的再次考驗；忘記憂愁，你可以盡情享受生活賦予你的樂趣；忘記痛苦，你可以擺脫糾纏，讓整個身心沉浸在悠閒無慮的寧靜中，體會人生多采多姿

的繽紛。

忘記他人對你的傷害，忘記朋友對你的背叛，忘記你曾有過被欺騙的憤怒、被羞辱的恥辱，你將會覺得你已變得豁達寬容，你已能掌握住你自己的生活，你會更加主動、有信心，而且充滿力量去開始全新的生活。

學會忘記，忘記我們對他人的恩惠，因為我們不貪圖回報；忘記他人對我們的誤解，因為相信總有一天會水落石出，真相大白，冰釋前嫌。學會忘記，就像潮起潮落，花開花謝，雲卷雲舒，不必太在意。只要今天的我們在努力，我們就無愧於自己。只要我們活得問心無愧，我們就會覺得活得很輕鬆、很開心、很充實。

請記住，不要為昨天流淚；學會放下，你會更幸福！

二、自信照亮一生

早期在波士頓有個棒球隊，一直只擁有很少部分支持他們的觀眾，因為他們的表現很差。但是，後來他們搬到了密爾瓦基，這裏的市民對這個新球隊給予非常的熱情擁抱，棒球場擠滿了人，每個人都非常關心這個球隊，而且相信這個球隊一定可以取勝。

市民們的熱情與信賴，給了這支棒球隊極大的鼓舞，雖然球隊仍是原班人馬，但是隔年就幾乎躍登聯賽的首位。為什麼會有如此巨大的變化呢？這是因為觀眾的支持和鼓舞，讓球隊裏每個成員都充滿自信，也因此發揮了他們從未有過的水準和實力。

自信是什麼？自信其實就是：「信賴自己已經擁有足夠的能力去取得所追求的價值，這些價值不斷地累積，到了足夠多的時候，便會感覺人生是成功快樂的。」你對自己有沒有自信呢？你是不是還在為自己的容貌、家境、學歷等外在的因素不夠完美而苦惱呢？你是否還在為自己沒有得到更好的機遇而煩悶呢？請快點找回你的自信吧！

一個擁有自信心的人，在團隊之中，更容易成為有號召力的人，也更容易獲得別人的信賴。因此，即使你是一個剛剛開始規劃人生的青年，也應該從第一天開始，就賦予自己強烈的自信心。告訴自己：世界因你而精彩！

羅馬偉大的演說家西塞羅，在面對貴族「你不過只是一個平民」的嘲諷時，他充滿自信的說：「不錯，我雖然只是一個平民，但我的貴族家世將因我而開始，而你的貴族家世將因你而結束。」

自信能創造出一個連自己都無法想像的奇蹟。我們必須明白，我們所擁有的一切，並不比別人缺少什麼。如果我們曾經懦弱或者退縮過，就應該把丟失的自信給找回來。

有很多人因為太在意外貌和衣著，無端的給自己帶來許多煩惱。無論是貧窮還是富有，無論是貌若天仙，還是相貌平平，只要你能有自信的抬起頭來，就會使你變得充滿魅力，成為人群中的亮點。

自信還可以發掘你所不知道的潛能。如果連自己都對自己沒有正確的認識，不相信自己有能力去做得更好，那怎麼能夠贏得別人的信任與尊重呢？在不斷的自怨自艾和自卑的狀態下，人會變得意志消沉，並且完全迷失了自我。只有正確的認識自己，提升自我形像，肯定自己的能力，才有可能激發你沉睡中的力量，發揮自己的潛能，創造出一番作為。

因此，一定要重新估計一下自己，發掘自己潛在的能量。自信，將使不可能成為可能，使可能成為現實。一個充滿自信的人，可以化平凡為神奇，化渺小為偉大，可以讓平庸的人創造出驚天動地的成績。

自信是人們通向事業成功的階梯和不斷前進的動力。在許多成功人士身上，我們都可以看到他們都擁有超強的自信心。正是在這種自信心的驅動下，他們不斷以更高的要求來激勵自己，在逆境的黑暗中看到希望，在失敗的陰影中看到成功的光芒，鼓勵自己不斷堅持、不斷努力，因此獲得最終的成功。

正如法國啟蒙思想家盧梭所說：「自信對於事業簡直是一個奇蹟，有了它，你的才能就可以取之不盡，用之不竭；一個沒有自信的人，無論他有多大的才能，也不會抓住一個機會。」

而這種自信的精神，讓人能在逆境中從不屈服，在困難面前從不低頭，在挫折中從不服輸，從而獲得一次又一次的成功。

自信是做任何事情都必需要有的元素，因為這是自己對自己的合理評價，是正確的自我定位。自信的力量是驚人的，相信自己，那麼一切困難都將不再是困難。自信是一種積極的品質，是促使人們向上奮進的動力，是一個人取得成功而必備的、重要的心理素質。

自信是成功的基石，我們只有站在自信的起點上，才能一步一個台階的邁向成功的頂峰。只有不畏懼挫折、失敗和挑戰，擁有堅強的態度和意志力，才能讓你的人生之旅最終走出風雨，迎向陽光。自信是一種感覺，一種心態，只有擁有自信我們才能懷著堅定的信念，走上成功的道路。

上帝給了我們每個人一顆蘋果，卻在每顆蘋果上都咬下了一口，所以我們內心都會有著些許的遺憾。但是蘋果的核心都是一樣的，那就是種子，就是自信，就是希望。我們沒必要抱怨外在的美醜和境遇的好壞，只要有一絲陽光和一滴雨水，就可以萌發新的風景。你只要有自信的奮鬥著，你會發現生命因自信而精彩，生命因自信而燦爛。

三、相信明天會更好

有希望在的地方，痛苦也會變成歡樂；有理想在的地方，地獄就會是天堂。在每個人的心中都有一個美好的夢，但是夢只給我們兩條路：要嘛放棄、要嘛繼續。然而只有一條路不能選擇——那就是放棄的路；只有一條路不能拒絕——那就是成長的路；這就是生活。每個人都有成就一些偉大事情的夢想，可惜的是大多數人卻很少描繪自己的理想中的未來，或很少真正認真地對待自己夢想中的明天。於是，他們學會了放棄自己的夢想，只為現實的生活而忙碌，當他們在生活中受到挫折時，由於沒有夢想的支援，使得他們充滿了悲觀以及失敗感。只有那些能夠看見未來的人，能夠知道明天的自己必能從今日所有的種種束縛、質疑中釋放出來。這些能夠預見到事情的人，同時也必然有能力去實現它們。

愛迪生六十七歲那年，苦心經營的工廠發生火災毀於一旦，他損失了二百萬美元，這麼多年的精心的研究也全部付之一炬。更令人痛心的是，由於那些廠房是鋼筋水泥所建造，當時人們認為那是可以防火的，所以，他的工廠保險投保金額很少，因此只獲得一〇%的理賠金。

當他的兒子查理斯•愛迪生聽說這場災難之後，緊張地跑去找他的父親時，他發現老愛迪生就站在火場附近，滿臉通紅，滿頭白髮在寒風中飄揚。查理斯後來向人描述說：「我看到我父親時心情很悲痛，他已經不再年輕，所有的心血卻毀於一旦。可是他一看到我卻大叫：『查理斯，你媽媽在哪裏？』我說：『我不知道。』他又大聲說：『快去找她，立刻找她來，她這一生不可能再看到這種場面了。』」

第二天一早，老愛迪生走到火場，看著所有的希望和夢想毀於一旦，原本應該痛心絕望的他卻說：「這場火災絕對有價值。我們所有的過錯，都隨著火災而消失。感謝上帝，我們可以從頭做起。」

就在三週之後，也就是那場大火之後的第二十一天，愛迪生製造了世界上第一部留聲機。

夢想就是一種希望和信念，夢想會使你相信明天會比今天更美好。或許有人會說夢想是超現實的，是不切實際的，但是別忘了，愛因斯坦也曾被人指責太愛做白日夢。不要因為別人的幾句冷言冷語而就此讓自己的夢想之火熄滅，夢想是什麼是你自己的事情，自己的夢想是否適合只有自己知道，因此不要輕易遭受別人的否定就喪失信心。不要對夢想持一種鄙夷或不屑的看法，我們從童年到老年，誰也不能離開夢想而生活。當你遇到挫折的時候，想像一下你成功後的景象，這種放眼長遠、相信明天會比今天更好的信念將會賜予你無窮的動力。

人之所以能成功，是因為相信能成功。任何的限制，都是從自己的內心開始的。對於那些真正擁有夢想並想辦法努力實現夢想的人，就算是面對鐵窗石壁也不會悲觀失望。有夢想才能有所成就，所有的成功者都能夠學會透過自我反思來調整自己的夢想。他們保持對價值觀的真誠，透徹地瞭解社會以及自身，而且他們能夠有效地管理自己的時間，充分發揮自己的才華，而且不斷激發自己的潛在能力。

現實生活中，我們每一個人都會遇到各種困難，能否成功，就要看這個人是能夠突破難關還是看到難關就絕望放棄。處在逆境之中的我們，如果心裏老是想著面前的困難，老是擔心自己的能力，那麼就很難調整好自己的心態，很難使自己保持平和的心態和樂觀的態度，這樣的話，我們是難以順利找到解決困難的辦法的。那些不管怎樣的難關都敢於突破，都想去努力奮鬥的人，就一定能夠成功。。

再長的路，一步一步也能走完，再短的路，不邁開雙腳也是無法到達。正是這樣的自信、執著、富有遠見、勤於實踐，以及對於明天和未來美好的願望，讓每個人擁有了一張人生之旅的票。

所以，給自己一些希望去大膽想像未來吧，給自己一些自信敢於去嘗試吧，也許這樣會有意想不到的奇蹟出現。**自信有助於克服困難，而夢想則有助於我們保持這種自信，這是我們保持積極向上的動力。**徒有信念而不去努力，徒有願望而不下功夫去實現，是不可能成功的。世上沒有免費的午餐，當我們有了樂觀的態度與實現的夢想之後，還要不忘堅定實現夢想的堅強意志與信心。只有透過實際的行動才能把自己的夢想變成實現，只有為夢想而付出了艱辛的努力才能得到成功，這樣才不會被挫折和失敗給擊倒！

生活就像一杯烈酒，不經三番五次的提煉，就不會這樣可口！生活並不是一條人工開鑿的運河，不能把河水限制在一些規定好的河道內。生為一個人，要是不經歷過人世上的悲歡離合，不跟生活交手打過仗，就不可能懂得人生的意義。勇敢的踏上人生的旅途吧！不要輕易的放棄生活，雖然命運是如此的讓你無助，但你不妨睜開眼睛，放眼世界，你會發現原來生活是可以有希望的，只不過是你自己不想去嘗試罷了。給自己一些信心去面對人生，也許會有不一樣的收穫。

不要輕易的放棄生命，因為生命是那麼的寶貴。人生之路難免會有一些風浪，如果你不去面對怎麼才會明白生活的滋味呢？選擇堅強的活著，敢於正視生活的黑暗，敢於搏擊命運的激流，用自己的力量去尋找夢想中的那份美好。

不要放棄，就會有希望。人類最寶貴的遺傳，就是那種使我們善於夢想的力量。當一個人將自己從一切煩惱和痛苦的環境中解脫出來，在心中保持著對明天的美好的期望，積極投入到一種和諧、美麗、真誠的生活中；那麼，這個人便是一個幸福的人。

四、懂得選擇，學會放棄

有一個年輕人想在任何方面都超越其他人，尤其是想成為一名大學問家。可是許多年過去了，他在各方面表現都不錯，唯獨在學業上始終沒有太大的長進。他很苦惱，便請求一位大師來指點迷津。聽完他的話，大師說：「我們一起登山吧，到了山頂你就知道該如何做了。」

那座山有許多玲瓏剔透的小石頭，每當見到喜歡的石頭，大師就讓年輕人裝進袋子裏背著。很快，年輕人就吃不消了，可是山頂還遙不可及呢。於是，他停下腳步疑惑地問大師：

「大師，我為什麼要背這些石頭？再背，別說到山頂，恐怕連走也走不動了。」

「是呀，那該怎麼辦呢？」大師微微一笑，「為什麼不放下呢？背著這麼多石頭怎麼能登山呢？」大師摸了摸鬍子，意味深長的說。

年輕人頓時明白了大師的意思，愉快地向大師道謝便走了。從此以後，他一心做學問，進步飛快……。

人的時間和精力都是有限的，不可能面面俱到地做好每一件事。想要得到一切的人，最終可能什麼也不會得到。這位年輕人其實最想成為大學問家，只是沒法擺脫自己爭強好勝的心理，所以將自己的經歷分散在許多領域。這樣一心多用，又豈能真正成就其夢想呢？有一位學者曾說：「放棄是智者對生活的明智選擇，只有懂得何時放棄的人才會事事如魚得水。」人生如戲，每個人都是自己的導演，只有學會選擇和懂得放棄的人，才能創作出精彩的戲劇，擁有海闊天空的人生境界。

人與人的差別往往不在於面臨的機會差別，而在於當它來臨的時候，人們常有許多不同的選擇方式：有的人會單純地接受；有的人抱持懷疑的態度，站在一旁觀望；有的人則倔強的如同騾子一樣，固執地不肯接受任何新的改變。而不同的選擇，當然會導致截然不同的結果。許多成功的契機，起初未必能讓每個人都看得到深藏的潛力，而最初的抉擇正確與否，往往更決定了你是成功還是失敗。

比爾・蓋茲曾經說過這樣一句觸動人心的話：「人生是一場大火，我們每個人唯一可做的，就是從這場大火中多搶救一點東西出來。」本著這種人生短暫如花火的信念，他及時地決定所要放棄的東西和所要選擇的東西，不僅改變了自己一生的軌跡，也改變了世界。

世界上有幾個人能有這樣睿智的思維呢？在過去所取得的成果上，很少會有人放棄那些曾經擁有的鮮花和掌聲、名譽和地位。

在人生的旅途上，背負著過去的成果或失敗的陰影都是很累的。只有懂得選擇，懂得放棄的人，才會擁有一個輕鬆愉快的旅程。生活原本是單純而快樂的，只因為人們不懂得捨棄才會產生許多痛苦。當自己做出選擇、決定放棄時，就釋放出了新的空間，天與地因此豁然開朗，生命也會呈現截然不同的景象。

人的一生，所需要放棄的東西也是很多。古人云：「魚和熊掌不可兼得。」**幾十年的人生旅途，有風雨也會有彩虹，有所得也必然有所失，只有學會選擇、懂得放棄，我們才能擁有平和、安寧的心態，才會活得更加自在、坦然和輕鬆。**

就像電影《臥虎藏龍》裏一句很經典的話：「當你緊握雙手，裏面什麼也沒有；當你打開雙手，世界就在你手中。」有時候，如果我們可以放棄自己固執、局限的想法，甚至是放棄眼前微小的利益，反而可以得到更多更美好的東西。放棄，也是為了更好的擁有，放棄是一種超脫，是一種風度，更是一種境界。喜歡釣魚的人都知道，要想釣到大魚就必須用美味的佳餚來做誘餌。同樣，若要想在某個方面有所成就，就必須在其他方面做出犧牲。

人的一生中，充滿了責任和慾望，也許這正是人生的意義所在。選擇，是人生路上通往成功的方向，只有明確的知道自己要追求什麼的人才會懂得選擇，只有懂得量力而行的人才會正確的做出選擇，而只有做出了正確選擇的人才會擁有更加輝煌的人生；放棄並不是消極的放手，它同樣需要睿智的思想和博大的胸懷。在通向成功的路上審慎地運用智慧，做最正確的判斷，有選擇的選擇、有技巧的放棄，是為自己的旅程排除不必要的障礙，是撥開面前擋住視線的濃霧，是為了更好的前進。

聰明者敢於放棄，精明者樂於放棄，高明者善於放棄。人，其實天生就懂得放棄，但放棄非盲目的，而是選擇放棄，重在選擇，次在放棄，不輕言放棄；是放棄失落帶來的痛楚，放棄屈辱所帶來的仇恨，放棄心中所有難言的負荷，放棄耗費精力的爭執，放棄沒完沒了的解釋，放棄對權力的角逐，放棄對金錢的慾望，放棄對虛名的爭奪——放棄的是煩惱，拋開的是糾纏，收穫的是快樂，擁有的是充實。

選擇和放棄是我們人生中最重要的一課，學會選擇，懂得放棄，人生將會更加從容。

五、吃虧往往帶來好運

戰國時齊國的孟嘗君以養士出名，由於他待士誠懇，一個叫馮諼的落魄人前來投靠。有一次孟嘗君叫人到其封地薛邑討債，馮諼自告奮勇前去。臨走前，馮諼問需要用討回來的錢買些什麼，孟嘗君讓他買點家裏沒有的東西。馮諼到了薛邑後，見老百姓的生活十分窮困，聽說孟嘗君的討債使者來了均有怨言，於是召集邑中居民，說：「孟嘗君知道大家生活困難，這次特別派我來告訴大家，以前的欠債一筆勾銷，利息也不用償還了，君上叫我把借據也帶來，今天當著大家的面把它燒毀，從今以後不再催還。」說著馮諼果真點起一把火，把債券都燒了。薛邑的百姓沒料到孟嘗君如此仁義，人人感激涕零。馮諼回來後，孟嘗君得知實情大為不悅，馮諼說：「您不是叫我買家中沒有的東西嗎？我已經給您買回來了，這就是『義。』焚券示義，這對您收拾民心是大有好處的啊！」孟嘗君雖然表面上不好說什麼，但心裏還是討厭馮諼的自作主張。數年後孟嘗君被人陷害，相位不保，三千門客也走了大半，只好躲回封地薛邑。沒想到薛邑的百姓聽說他回來了，傾城而出夾道歡迎。孟嘗君感動不已，終於體會到了馮諼「示義」的苦心。

得失之間的轉化並不是立即就能看到的，馮諼深知「吃虧」與「福」的奧妙，掌握取捨的主動權，讓它發揮出意想不到的效果，吃虧，往往是為後來作鋪墊，為將來下伏筆。

吃虧不是軟弱，而是一種理解，一種包容，一種福氣，一種很高的人生境界。主動的、有目的、講方法的吃虧就像軍事中運用的戰術一樣，是一種藝術。這樣的吃虧有三個特點：

首先是主動去吃虧。勇往直前、奮不顧身地達到目的固然讓人佩服和羨慕，可是一旦回過頭來看就會發現，只顧一路向前去爭取，結果失去的也會很多、甚至得不償失。就像為人處世，知進知退，以退為進；就像武術中的太極拳，柔中帶剛，以柔克剛。敢於吃虧、勇於吃虧的精神是可貴的，對社會、對身邊的人是一種莫大的財富。

其次，吃虧時要保持心態的平衡。「捨得捨得」，有「捨」才有「得」，生活給每個人的都是相對公平的，得到多少與付出的多少是成正比；暫時的失去會贏得將來更多、更大的回報。所有的付出無論早晚都會有回報，需要耐心靜靜等待它的到來。

最後，要會吃虧要清楚的知道什麼樣的虧「好吃」，什麼樣的虧不需要吃，什麼樣的虧堅決不能吃。「吃虧是福」本身是一個利益交換等式，吃虧者並不希望利益白白受損，而是希望用「吃虧」換來「福」，至於什麼是「福」，每個人的見解都不同。所以，用眼前利益的暫時損失去換取長遠的利益，這才是真正意義上的「吃虧是福」，否則，就是吃傻虧。「吃虧在明處才是福」，明明白白的吃虧，讓關鍵人物知道你是主動的吃虧，認同你的吃虧，感謝你的吃虧，你才能換取他人「知恩圖報」。會吃虧的人，虧吃在明處，便宜占在暗處，讓你占了便宜還感激不盡，這也是經商的智慧。

略帶幾分傳奇色彩的晉商有一條祖訓：「學會吃虧」，在他們看來吃虧處理好了就是機會。「學會吃虧」的要點是：首先要用良好的心態來對待吃虧，不要因吃虧而進行報復，以免進入恩怨報復的惡性循環。第二，要想明白吃虧並不一定是壞事，可以從中吸取教訓，也可從中尋找機會。第三，吃虧是大收益的前提，主動吃虧可以帶來更大更好的商機。對於整日處於商場如戰場的高度警惕氛圍中的商人們來說，從防範吃虧到主動承擔吃虧是一個認識的飛躍過程，因此要學習吃虧，更要學會吃虧。

福禍常常是並行不悖的，福盡則禍亦至，而禍退則福亦來，我們真的應該採取「愚」、「讓」、「怯」、「謙」這樣的態度來避禍趨福。所以「吃虧是福」也是一種特殊的處世哲學。

我們並非無慾無求，在「吃虧」與「福」之間，不能總盯著眼前利益去計算。漫漫人生路，每一步都是為了下一步來做鋪墊，著眼於未來的得失，去選擇吃不吃眼前虧，才會比較容易把握主動權，才會讓自己想得開。吃虧是福，還能夠付出，那就證明我們的生存對於他人、對於社會是有意義的。在生活與工作中，處處謙讓一步，多做一點，其實算不上真正的吃虧。即使你付出了代價不一定會有回報，即使你得到的是不解甚至是嘲笑，這一切都不重要，重要的只是要擁有這樣的一種生活態度：吃虧是福！有了這種博大的胸懷，有了這種平和的心態，才會擁有安寧的生活。

六、敢於走自己的路

詩人旦丁曾說：走自己的路，讓別人去說吧！

許多偉大的想法，一開始在凡夫俗子的淺薄的眼中，不過是妄想和癡夢，他們寧願守著現有的安逸的生活一天天老去，也不願意承擔風險、經歷艱辛去追求新的幸福。這也許就是人與人的差別。燕雀安知鴻鵠之志哉！思維的局限與否、對待人生的態度如何，將人分成了截然不同的類別，於是當生命走到盡頭時，有的人創立了輝煌的事業，有的人留下了不朽的英名，而有的人卻像落葉一般悄然隨風而逝，世界上幾乎沒有留下他的痕跡。

每個人都有自己的人生目標，每個人的思維方式也不一樣。所以，一旦選定了自己人生的目標，選定了自己想要的生活方式，就不要以別人的目標來衡量自己的價值。做自己喜歡做的事，讓自己夢想成為現實，堅持不懈，直到成功，這才是我們所想要的結果。盲目聽信別人的評論，不加思考的採納別人的觀點，只能導致自己無所適從，迷失最初的方向，最終一事無成。

我們都知道父子騎驢的故事：有一天，父子倆趕著一頭驢進城，兒子在前，父親在後。半路上有人笑他們：「世界上還有比驢子還笨的蠢人嗎？有驢子竟然不騎！真是三頭蠢驢。」父親聽了覺得有理，便叫兒子騎上驢，自己跟著走。過了不久，又有人議論：「真是不孝子，年輕人體格健壯，自己騎著驢反而讓老父親走路！」父親一聽有道理，於是叫兒子下來，自己騎上驢背。

走了一會兒，又有人說：「這個當父親的怎麼這麼狠心啦！自己騎驢，讓孩子走路，不怕累著孩子？」父親連忙叫兒子也騎上驢背，兩個人一起騎著驢走。心想這下總該沒人議論了吧！誰知過了一會兒，又有人說：「那頭驢那麼瘦，兩人騎在驢背上，不怕把牠壓死嗎？這些人怎麼能這麼殘忍的對待動物啊！」

父子倆真是無奈了，騎也不是，不騎也不是，左右為難。最後父子倆把驢子四隻腳綁起來，一前一後用棍子扛著。在經過一座橋時，驢子因為不舒服，掙扎了一下，竟不小心掉到河裏淹死了！

很多人做的事就像這故事裏面的那個父親一樣，太過於在乎別人的看法。人家說什麼，他就聽什麼！結果呢？想做的事情全都沒有做成。一味的在乎別人的看法，只會給自己增加負擔，增加顧慮，甚至會導致放棄自己的想法。每個人都有自己的命運，一味的聽從別人的評價，而不會自己加以判斷，只會導致失去主見、失去自我。人活得累是因為：一小半部分源於生存，一大半部分源於攀比。無緣無故的將別人的標準強加在自己身上，只會導致自己成為生活的奴隸。

這個世界，如果用理智去對待將會是一個喜劇，如果用感情去對待將會是一個悲劇。你是否真正能做到走自己的路，是否死要面子活受罪呢？你能走自己的路嗎？只有當你真正能做到的時候你才會發現你是快樂的！

上天給了我們頭腦，就是讓我們用來選擇自己想走的路。不要管別人有多麼不解，不要管外界有多少質疑，能否走自己的路，要看你有沒有這個決心和勇氣。沒有任何人可以改變你的思維模式，瀟瀟灑灑地走自己的路，做自己喜歡的事，實現自己的人生價值，這才是人生最大的樂趣。

七、一切皆有可能

在非洲中部乾旱的大草原上，有一種體形肥胖的巨蜂，這種巨蜂的翅膀非常小，脖子也又粗又短。但是這種蜂卻能夠在非洲大草原上連續飛行二百五十公里，飛行高度也是一般蜂類所達不到的。牠們非常聰明，平時藏在岩石縫隙或者草叢裏，一旦有了食物立即振翅飛起。尤其是當牠們發現這一地區即將面臨極度乾旱的時候，牠們就會成群結隊的迅速逃離，去尋找水草豐盛的地方。

這種強健的蜂被科學家稱為「非洲蜂」，科學家們對這種蜂卻充滿了好奇。因為根據解剖學的理論，這種蜂體形肥胖臃腫而翅膀卻非常短小，在能夠飛行的物種當中，牠們所面臨的飛行條件是最差的。從飛行的先天條件來說，牠們甚至連雞、鴨都不如；從流體力學來分析，牠們的身體和翅膀的比例根本是不能夠飛起的，即使人們用力把牠們扔到天空去，牠們的翅膀也不可能產生承載肥胖身體的浮力，會立刻掉下來摔死。

但事實卻是，非洲蜂不僅能飛，而且是飛行隊伍裏最為強健、最有耐力、飛得最遠的物種之一。

科學家們對此給出了合理的解釋是：「非洲蜂天資低劣，但牠們必須生存，而且只有學會長途飛行的本領，才能夠在氣候惡劣的非洲大草原存活下去。」簡單的說，若是非洲蜂不能飛行，牠就只有死路一條。

非洲蜂的故事很好的解釋了什麼叫做「置之死地而後生」，這種小生靈所創造的奇蹟，更讓我們相信，在一個執著堅強的生命裏，沒有什麼叫做「不可能」。如果說我們沒有表現的更好，不是因為我們沒有天份，只是因為我們不夠努力。生命本身就帶有很多傳奇色彩，每一個人的身上都蘊藏著無數的潛力，只要用心去發掘，就可以發現新的力量。日常生活的平淡往往讓我們習慣於庸庸碌碌，習慣於得過且過，只有在千鈞一髮的關頭，求生的慾望才會激發與生俱來的本能，於是就會創造奇蹟。

在昆蟲界，跳蚤可謂是跳高的冠軍，為什麼這個不起眼的小昆蟲可以創造這樣一個奇蹟呢？帶著這個問題，一位教授開始了他的研究。可是他研究了一整天，都沒有找到答案。

第一天下班的時候，教授拿了一個高一公尺的玻璃杯，並且用玻璃蓋子蓋住這隻跳蚤以防牠逃跑。就在那天晚上，跳蚤為了能跳出玻璃杯，就跳啊！跳啊，可是無論牠怎樣努力，無論牠怎麼跳，都在跳到一公尺高的時候，就被玻璃杯蓋給擋了下來。

第二天，教授上班取下玻璃杯蓋，驚訝的發現，這隻跳蚤只能跳一公尺高了。

第二天下班時，教授用了一個五十公分高的玻璃杯一樣蓋住跳蚤，第三天，教授發現跳蚤只能跳五十公分的高度；晚上，教授又用二十公分高的玻璃杯一樣蓋住跳蚤，第四天，跳蚤跳的高度又降為二十公分。到了第四天下班時，教授乾脆用一塊玻璃板壓著跳蚤，只讓跳蚤能在玻璃板下面爬行。果然，到了第五天，跳蚤再也不能跳了，只能在桌面上爬行。

但就在這個時候，教授一不小心，打翻了桌上的酒精燈，酒精灑在了桌上，火也慢慢地向跳蚤爬的地方蔓延。奇蹟出現了，就在火快要燒到跳蚤的一瞬間，跳蚤又猛地一跳，所達到的高度竟然超過它身體的一萬倍。

用一種固定的模式來限制人的能力發揮時，人也會變得萎靡，主觀上誤認為自己的能力只能達到那個水準，但是永遠不要忘記：人的潛力就像跳蚤的彈跳力一樣，發揮出來時是非常驚人的！永遠不要懷疑自己的能力，永遠不要否定自己所能達到的高度，你所需要的，只是一個恰當的機會，一旦時機成熟，你也可以變不可能為可能。

當求生的希望發掘出潛藏在身體中的潛能時，就創造了生命的奇蹟。在生與死的關頭，沒有什麼是不可能的，面臨生與死的抉擇，希望就是力量，可以幫助我們逃離危險、獲得新生；一個人，即便他一無所有，只要他存有希望，他對美好的東西有一種渴求，他就可能擁有一切。

著名精神分析學家維克多・富蘭克博士因為有猶太血統，曾經被關進納粹的集中營，在那裏飽受凌辱。在那個每天都充滿屠殺和血腥的地方，是沒有人性和尊嚴可言的。對生存充滿恐懼的富蘭克，內心產生了很大的精神壓力。每天看著集中營裏的人遭到屠殺，卻毫無脫身的希望，他的內心更是飽受煎熬。

幾乎失控的富蘭克，有一天告訴自己：「如果我不控制好自己的精神，我也會陷入精神失常的厄運。」他隨著長長的隊伍來到集中營的工地中勞動，在整個過程中，他的腦海裏不斷產生幻覺，一會是「晚上恐怕不能活著回來」，一會是「今天能吃到晚餐嗎？」，工作到一半的時候，鞋帶斷了，他又開始擔心這其中是不是有什麼不祥的預兆。

思緒非常混亂的富蘭克，幾乎要失控了，內心充滿不安的他，對生活與生命開始產生厭倦。為了鎮定心智，富蘭克讓自己冥想。他想像自己正處在一個明亮而寬敞的教室中，並且對著學生精神飽滿的正在授課。在他想像這個場面的時候，他閉上眼睛，忽然感覺到一陣舒暢，臉上慢慢浮現出笑容，那是富蘭克久違的笑容。他堅信，只要保持這種狀態，他就不會死在集中營裏，一定能夠活著走出去。

後來，當他真的活著離開集中營時，再看到以前的朋友，朋友們驚訝的發現到，他的臉上並沒有留下受過煎熬的痕跡，反而充滿了生命的活力。

希望可以調動的，也許不僅僅是我們自己的精力和體力；也許冥冥中真的有天意在關照人間，天意總是會欣賞那些內心總是充滿希望的人，會覺得這樣的人不僅應該活下去，還應該活的更好。擁有希望的人，就能將別人眼中認為不可能發生的事情，變成為事實。

在電話誕生之前，有誰相信即使隔著萬水千山，你我也能夠自由交談？在電視發明之前，有誰相信我們身處在不同的地方，卻能夠在同一個時間裏看到世界上發生的精彩片斷？在飛機翱翔於天際之前，又有誰能夠相信，人類能夠有一天像鳥兒一樣，自由穿梭於雲端？只因為有夢想，就有希望；只因為有希望，我們就可以讓一切皆有可能！

第二章

給心靈洗個澡

長久在人生路上跋涉，經歷風霜雨雪、人情冷暖，你的心是否已經沾滿灰塵？忙裏偷閒，對月憂思，其實生活很簡單，只是我們有意無意間將它變得複雜。給心靈洗個澡吧，讓它像剛出生時那樣純潔，並且始終保持一顆天真的童心，保持一顆寵辱不驚的平常心，保持一顆知足常樂的滿足心。換位思考，與人和睦相處；給自己獎勵，時刻與快樂相伴。幸福就在你身邊，擦亮眼，用心去體驗！每天都有好心情，先給心靈洗個澡。

一、保持童心

有一對要租房子的夫妻，兩人拖著疲累的身軀挨家挨戶的找房子看，但總沒有看到中意的。到了下午，奇蹟出現了，兩個人共同看上一間他們都滿意的房子，急著想付訂金，把房子租下來！

這時房東先生看到了他們身旁的小孩，突然說：「租房子，我只有一個限制，那就是我不租給有小孩子的家庭。」

這對夫妻面面相覷。正當他們沮喪的要離開時，只見小孩又回頭按了電鈴。

房東先生開門笑著說：「你又有什麼事情啊，小朋友？」

孩子說：「老爺爺，我要租房子！」

房東先生說：「我已經說過了，不租給有小孩子的家庭。」

小孩說：「我知道！我只有爸爸媽媽沒有小孩子啊！您可以把房子租給我！」

房東先生笑了，誇這個孩子真是聰明，於是就把房子租給了他們。

我們常常會讓孩子們笨拙的動作，或者詞不達意的話語感到很無奈，卻常常忘記孩子們特有的睿智和童趣。當那雙彷彿溪水般清澈的眼睛望著你時，當那天使一樣清脆的聲音呼喚你時，當那稚嫩的粉紅的小手邀請你時，這一切都讓人無法拒絕。孩子天真的心是夢想，是憧憬，可以讓灰暗的色彩變得明亮，可以讓沉重的節奏變得輕快。童心是剛剛出土的春草，給生命留下嫩綠和清新；童心是陽光下閃爍的露珠，給人生留下晶瑩和純情；童心是生命中最可愛的花朵，給歲月留下香甜和溫馨。

有一篇小說：《太陽從西邊出來》，講述了這樣一個故事：

有個小學生叫曲玲，年齡九歲，因為爸爸是個畫家，曲玲也喜歡繪畫，作品在小學生裏也是百裏挑一的。有一天，省裏舉行兒童繪畫大賽，學校鼓勵學生們參加，曲玲也交了一篇作品，名字叫《盼》，畫的是一個小女孩，蹲在草地上，托著腮，仰著臉，望著天上初升的太陽。這畫很快就通過了初審，但沒想到在終審時，卻被淘汰下來。

不是作品沒畫好，就創作而言，無可挑剔，問題出在作品犯了一個常識性的錯誤：太陽是在東方升起來的，而在曲玲的畫中，太陽卻從西邊出來。老師得知這一情況，內心感到很難過，作為老師沒有把好關，也是有責任的，於是就去安慰曲玲。

老師問曲玲：妳那幅畫裏的太陽，是在東邊還是西邊？曲玲答：西邊，老師又問：有沒有記錯？曲玲說：故意的，還特地畫了一個風向標。老師生了氣，說：為什麼畫好後，不請爸爸看看？

曲玲哭了，哭得很傷心，說：「爸爸走了。爸爸和媽媽離婚了，把我丟下不管了。爸爸臨走時，對媽媽說：想讓他再回來，除非太陽從西邊升起！我好想好想讓太陽從西邊升起，那樣，爸爸就可以回來了……」

請不要像那位老師一樣批評孩子那看似常識性的錯誤吧！每個人都會做夢，小時候我們可以把夢叫做心願，因為那常常是孩子不假思索的產物，往往是看到了什麼而由此產生的聯想，帶著一份天真與幻想；長大了，我們改叫它為理想，因為這是參考了前人的成功途徑、自身的利弊條件和潛力，而精心設下的目標，多了一份理智與成熟，卻少了一份天真的味道。

人性中最善良，最誠實，最純潔的是童心。小時候，每個孩子都會問出傻乎乎的問題讓大人無法回答，都會想出別出心裁的花樣來玩耍。然而隨著我們一天天長大，接受了太多理性的教育，接受了太多慣性的思維，於是再也無法重溫那一份天真。在成年的世界裏，人們總以成熟為美，以城府之深而自豪，以理智之強而驕傲。卻忘記了，正是那一份幼稚，讓我們曾經像雨後的春筍一樣惹人憐愛；正是那一份無知，才讓我們忽略人世間的複雜與齷齪；正是那一份感性與隨心所欲，才是最真實的人生。

有一句諺語說：人類最好的品質都是在孩子身上。《安徒生童話故事》裏描寫了許多純真可愛的孩子。

童心是最純真的。孩子天真無邪的心靈，沒有被世俗的利益計算所污染，沒有被大人的沉悶和世俗的吵鬧所侵占，那裏永遠是一方淨土，播撒著上帝最初賦予人類無價的美德。

童心是最善良的。在孩子的心靈中，有著天性的善良，他們本能的愛著周圍的一草一木，本能的愛著自己的親人、小朋友和其他的陌生人。

童心是最美麗的。大自然賦予兒童像太陽和花兒一般美好的天性，賦予他們美麗的想像力。在孩子的心中，即使做工最拙劣的玩偶也是美麗的天使。

童心是最自由的。因為心靈不為物役，所以他既不知道掩飾，也無須欺瞞；既不知道自輕自賤，也無須妄自尊大。他只是無拘無束地表達自己的感受，他有的只是那與生俱來的自由天性。

想想我們的小時候，房子裏可以築鐵路和火車站，晚上可以矇著媽媽的絲巾扮大俠「橫行霸道」，鄰家的小孩子扮做新郎和新娘，還抱著一個布娃娃當寶寶。誰沒有在小時候玩過那些在大人眼中很可笑的遊戲？看起來傻裡傻氣，然而這就是歲月為我們儲存下來的財富；當我們越長大，越成熟，就越會懷念那一份天真。

往往只有孩子們才知道怎樣度過大好時光，怎樣把最乏味的環境變成有趣的樂園。孩子們經常擁有著爽快的笑和無視疼痛的精神，他們可以盡情的玩、盡情的鬧，無憂無慮；一會兒是捉青蛙，一會兒又和夥伴們在寂靜的森林中漫遊，被亂竄的野豬嚇得不敢喘氣；還有和公雞玩耍，和鴨子游泳。還記得下雨時在雨中嬉戲，淋得像個落湯雞嗎？活在遊戲世界中的兒童，是真正的貴族，他們總是心無旁騖、渾然忘我的玩樂，盡情揮灑自由的生命。

讓我們如冰心老人所說的：做千萬個天使中的一個，起來讚頌孩子，因為那些細小的身軀裏，有著偉大的靈魂。我們都會走出童年，但請永遠保持一顆童心。

二、擁有一顆平常心

大陸有個《實話實說》的節目，曾經講述過一個美國人的故事，他叫丁大衛。

五年前，美國青年丁大衛到了中國大陸，到蘭州一所最普通的郊區小學教學。這個美國青年因為做人與教學深得當地人的喜歡，後來當上了校長。

最初，學校給丁大衛的薪資是每個月一千二百元（人民幣，以下同）。丁大衛去問別人，一千二百元在蘭州是不是很高？別人告訴他是算高了。於是，丁大衛主動找到學校，要求把薪資降到九百元。學校一再堅持，丁大衛不讓，並且說：怎麼也不能超過一千元。最後，學校給他每個月九百五十元薪資。

主持人崔永元問丁大衛每個月薪資夠用嗎？丁大衛說：夠了，我每個月的錢除了買些飯票，就用來買些郵票，給家裏打打電話，三、四百元就足夠了！

別出心裁的編導在做這一期節目時，還讓丁大衛帶來了他所有的家當：一只帆布袋，還不及我們平常出門旅遊背的那麼大，但是內容很豐富。更讓我們怎麼也想不到的是，這便是一個美國青年在中國大陸生存五年，累積下的我們肉眼看得到的財富。崔永元讓丁大衛向大家展示一下他的家當，大衛的臉紅了一下，打開了他的帆布袋，裏面的東西是這樣的：

一頂丁大衛家鄉足球隊的隊帽。他戴著向人展示時，可以看見他眼裏的驕傲；

一本相冊。裏面是他親人、朋友，還有他教過的學生的照片；

一個用精緻相框鑲好的一家人溫馨親暱的合照；

兩套換洗的衣服。其中有一件軍裝上衣，那是大衛爸爸年輕時當兵穿過的，已經有整整四十年的歷史了；

一雙未洗的普通運動鞋，那甚至不是一雙品牌球鞋；

還有幾件以飯盆、口杯、牙刷、刮鬍刀為陣容的生活必需品。

當崔永元問丁大衛在中國大陸感覺苦不苦時，丁大衛說：「很好，比如這次你們中央台就讓我這樣一個平凡的人來做嘉賓，而且還讓我坐飛機，吃很好的飯菜。」

崔永元有些不好意思的臉紅了，他幽默的說：我覺得你很像我們中國大陸的一個人：雷鋒！

丁大衛想了想，說：「還真有點兒像。」觀眾們轟地一聲善意的笑開了。「只是，雷鋒挺平常的，他只是一個憑良心做事的人，這樣的人不應該只有一個，每個人都應該做得到的！」他認真的補充說道。

丁大衛所做的一切，看起來都是那麼的平淡無奇，然而卻給其他人帶來了實質上的幫助和精神上的震憾。他想要追求的，不過是將自己所知道的知識傳播給上進好學的孩子們，不過是一種平淡、平凡的人生，然而在物慾橫行的現實社會中，他的平常心卻顯得彌足珍貴。

平常心是一種境界，萬事萬物瞭然於胸。在達到這種境界之前，心路常常有極為坎坷的歷程，遇了險峰和幽谷，飽嘗了世事滄桑。平常心不僅使人具有大海一樣的氣度，還使人穩重如山，狂風暴雨之中，驚濤駭浪，但大海深處仍平靜如舊；松林翻滾，但山巋然不動。以靜來制動，以不變來應萬變。以如此胸懷去實踐人生，將無所畏懼，所向披靡。

平常心是一種寵辱不驚的狀態，對待任何突發的情況都會泰然自若。世上有太多紛擾讓我們無法獲得內心的平靜，有太多的忙碌緊張讓我們無法逃避。為了達到目的所付出的心計勞力，比起單純的物質需求還要疲憊憔悴，常常內心那股壓迫人心的力量，使我們一天到晚就像陀螺一樣轉個不停，因而時常感到焦燥不安，成為了物質與慾望的奴隸。倘能以一顆平常心來對待這所有一切，便可以自己掌握主動權，不至於陷入芸芸眾生的苦惱輪迴。

平常心是隨緣之心。就像海水，三年大旱，不曾減一毫，三年雨水，也不曾增一分。**萬事隨緣，則少了許多無謂的爭執，少了許多徒勞的爭奪；萬事隨緣，則是順其自然，等待花開了，再去領略那一分奇香**。不奪，卻可以得到最圓滿的成功，不爭，卻可以掌握自己的方向。擁有平常心，就是學會了掌握自己。

平常心是坦蕩之心。理智的看待人，正確的對待人，客觀的評價人，首先擺正自身的位置，端正自己的態度。遇榮耀能謙虛，遇非禮能容忍，遇利益能謙讓，遇小人能大度，以超然的心態對待世事。保有一顆平常心，也就是保有一顆坦蕩之心，也就是學會了保護自己。

平常心是寬慰之心。**人生在世，以平常心態生活，就能有個好心情**。熱愛生活，珍惜生命，必須從自身努力。平常心的人心情好，平常心的人快樂多。平常心能健心，平常心能健體，平常心是自身健康的良藥，平常心是健康人的法寶。保有一顆平常心就是學會了愛護自己。

擁有一顆平常心，就可以擺脫名的困擾，利的紛爭，便能置身於一種超然忘物的境界；擁有一顆平常心，便可以不以物喜，不以己悲，便可以看破人生的大起大落，即使生活中偶有微波細瀾，也能夠做到心平氣定，寵辱不驚；擁有一顆平常心，性情中就會少一份浮躁、多一份沉穩，思想就會少一份幻想、多一份實際，做人也就少了一份媚俗，多了一份自尊；擁有一顆平常心，就不會被慾望牽著到處奔跑，就會讓腳步隨心靈遊走，就會讓浮躁的心安頓下來，就可以體會到魚翔淺底、鷹擊長空的灑脫。

三、知足者常樂

有一次，一艘船觸礁，就要快沉下去的時候，那艘船的船主告訴船上水手說，把救生船先準備好，我有事要到船底，立刻就上來。到船底做什麼呢？原來船主他有許多的錢，放在保險櫃裏，捨不得讓錢一起沉在海裏，就在千鈞一髮時候，冒險去拿。船一寸一寸的沉下，可是他還在那裏拿錢。船沉下去的速度，比他拿錢的速度更快。水手見他不上來，就放下救生船準備逃命。可是船主還是不肯上來，水到他腳底時候，他才打算離開，但是太遲了，他與船一起沉到海裏去了。後來船從海裏打撈起來，那個船主還是一手拿著保險櫃的鑰匙，一手拿著大把的金幣。錢是拿到手了，但是命沒有了！沉淪了！是錢重要，還是命更重要呢？對金錢的不知足最終把那個船主送到了另外一個世界。

老子說：「禍莫大於求福，福莫大於無禍，咎莫大於慾得，禍莫大於不知足。」慾望可以是人生的目標，強烈的慾望往往能給人帶來信心、希望、力量，成為一個人成功的泉源；但同時慾望也可能是負擔、累贅，當一個人想要的東西太多太雜的時候，慾望帶給他的就不是成功而是災難了。人生在世應該有遠大的理想、目標，但是不能太貪婪，什麼都想得到，到頭來只會一無所有。

人生不可貪得無厭，要有選擇：有所有有所棄，有所為有所不為。人不能無慾，但不能過於貪婪。如果你不能主宰自己的慾望，那麼就必將成為慾望的奴隸，從此失去自己人生的方向，再也無法主宰自己的命運。就像一位著名的登山員所說過的：「我認為登山運動最大的障礙是慾望，因為在山頂上，任何一個小小的雜念都會使你感覺到需要更多的氧氣。要想登上山頂，就必須學會消除雜念。」其實，人生又何嘗不是如此呢？

知足和不知足是截然不同的對待人生的態度，人在內心裏都有對金錢、地位、成功以及幸福和快樂的渴望，只是所滿足的程度不同罷了。為了尋找幸福，你走遍了千山萬水，始終見不到它的蹤影。其實只要你擁有一顆知足的心，幸福和快樂就會在你身邊。早晨醒來，能喝到一杯新鮮的牛奶，加上餐桌上還有新鮮的麵包；出門等公車，五分鐘就來了，竟然還有座位；坐在窗邊，打開電腦，網速尚可，窗外風景宜人；去逛街買衣服，自己的身體還能穿得下喜歡牌子的M號甚至L號；去吃火鍋，竟然去了就有位子，不用等半個小時以上，以上這一切都是知足……

有一位母親曾經這樣敍述：當我對生活中的地位和境況感到不滿和沮喪時，我總會想起我的兒子。有一次他竭盡全力爭取一個學校演出的角色，把全部心思都放在上面去了，我想他恐怕會落空。到了宣布角色的那天，我去接他放學。兒子衝過來，眼中閃亮，滿是驕傲和興奮，嚷道：「媽媽，媽媽妳猜，我扮演什麼角色？我被選中當啦啦隊員了！」這句話，我一直銘刻在心，沒齒難忘。

知足常樂意味著我們能夠在生活中找到自己的位置，全面的瞭解自己所扮演的角色，並且能夠在這個位置盡可能的找到自己的快樂；知足常樂並不是一種消極、不思進取和滿足於現狀，這是對現實的一種正確的反映，是對現實生活的欣然接受；知足常樂，是一種與世無爭的心態，是安於平凡但絕不平庸的生活哲學，也是一種不經意間的幸福。

知足者從不奢望擁有富人的金錢，量入為出也是一種學問；知足者從不嫉妒別人有花園洋房，自己的一隅照樣可以收拾得窗明几淨，溫馨舒適；知足者從不羨慕別人穿著名牌時裝，衣服得體舒服就好；知足者從不眼饞別人吃山珍海味，五穀雜糧果菜鮮蔬，吃得健康自得其味。幸福不在華衣美食，是在一點一點獲得滿足的感受中。常樂者有一份餬口的工作，雖然薪水不高，但能讓日子過得舒舒服服；常樂者有一位愛自己的配偶，雖然相貌平平無錢無勢，但相親相愛是人世間最永恆的幸福；常樂者還有可愛的孩子，就算成績平平從不得獎，但是健康活潑惹人喜愛；常樂者還有幾個好友，閒來品茶神侃，共用人生樂趣。

知足常樂的哲學根源是中庸之道，即讓人一切行為適中、折衷為宜，不能什麼也不追求，也不要過分追求。**「屬於你的終究是你的，不屬於你的再怎樣費盡心機也是得不到」**。與其終日為自己的慾望而煩躁，為自己的境遇而抱怨，不如靜下心來想一想你已經擁有的幸福。上天給我們的恩賜都是一樣，只是我們沒有拋開慾望和攀比的心態，才讓生活沉悶疲憊。如果能發現身邊已經存在的美麗和諧與安寧，能珍視自己擁有的親情、友情和愛情，用一顆知足的心對待生活，快樂就會陪你到永遠。

四、換位思考

在一戶農家，一隻小豬、一隻綿羊和一頭乳牛，生活在同一個畜欄裏。主人常常牽出乳牛來擠奶，或者抓出綿羊來剪羊毛。有一天，主人捉住小豬，小豬大聲號啕的叫，拚命的抵抗。綿羊和乳牛非常討厭小豬號啕大聲的叫，便說：「主人他也常常把我們抓出去啊，沒什麼大不了的，這麼大呼小叫的是在做什麼！」小豬聽了回答說：「朋友啊！主人捉你們和捉我完全是兩回事呀，他捉你們，只是擠出牛奶來喝或者剪下羊毛去賣，你們還會活著回來。但是捉住我，卻是要殺掉我吃我的肉，要我的命呢！」

綿羊和乳牛為什麼不能理解小豬歇斯底裏的嚎叫？其實只是因為牠們不知道做為一隻豬，被拖出去將意味著什麼。

同樣，人和人所處的立場不同、人和人所處的環境不同時，都很難理解對方最真實的想法，以及為什麼會產生這樣的想法。對於別人的一時的失意、偶爾的衝動以及某些獨特的想法，我們都不應該幸災樂禍，或者吹毛求疵的批評，而應該以一顆包容的心去試著理解對方，在理解的基礎上去關懷、去幫助對方。

古人云：「己所不欲，勿施於人。」當人們的生活壓力越來越大，如果僅僅從自身的角度來衡量自己以及別人，往往會導致更多、更深的心理問題產生，對自身、對家庭、對社會都會產生不良的影響，給生活中平添許多不和諧的因素。因此，我們要善於用換位思考的方法去發現問題，解決問題；要改變平時慣用的思維方式，站在對方的角度，在理解的基礎上重新做出評價、結論和行動。這就要求我們遇事要學會變通，換一種立場看問題，獲得全新的觀察視角，以平和的心態對待矛盾和衝突。

老王厭倦了他每天朝九晚五出門辛苦的工作，他看到老婆整天待在家裏，無所事事的打麻將，心中很不平衡。他想讓老婆明白他每天是如何在外打拚的，於是他禱告祈求：「神啊，我每天在外工作整整八小時，而我的老婆卻僅僅是待在家裏。我要讓她知道，我是怎麼過的，求你讓我和她的軀體調換一天吧。」神滿足了他的要求。

第二天一早，老王醒來，當然了，現在他變成老王的老婆了。他起床，為老公準備早點，叫孩子們起床，給孩子們穿上校服，吃早餐，裝好他們的午餐，然後開車送他們去學校，回到家，再挑出需要乾洗的衣物，送到乾洗店，回來的路上還順路去銀行領錢，然後去超市採購，回到家，放下東西，還要去繳清帳單。

當他打掃了貓籠，給狗洗完澡，已經是下午一點了。他匆忙的整理床鋪，洗衣服，給地毯吸塵、除塵、清掃，擦洗廚房的地板。他趕往學校去接孩子們，回來的路上還和不聽話的孩子們大吵了一番。他準備好點心和牛奶，督促孩子們做功課，然後架起燙衣板，一邊忙著，一邊看會兒電視。

四點半的時候，他開始削馬鈴薯，洗蔬菜和洗米，給豬排黏上麵包屑，剝開那些新鮮的豆子，準備晚餐。吃完晚飯，他開始收拾廚房，打開洗碗機，疊好洗乾淨的衣物，給孩子們洗澡，送他們上床。

當一天的工作做完，已經快晚上十點了，他精疲力盡的爬上床，連胳膊都懶得抬起來。

第二天一早，他一醒來就跪在床邊，向神祈求：「神啊，我真不知道自己是怎麼想的，我怎麼會傻到嫉妒我老婆能成天待在家裏？求求你，讓我們換回來吧！」

無限智慧的神回答他：「我的孩子，我想你已經吃到苦頭了，生活對每個人都是辛苦的，只是你們辛苦的方式不同罷了。如果不能換位思考，多考慮一下彼此的難處，你永遠都不會理解對方付出的代價有多麼大。」

生活中由於誤解或者不能換位思考的矛盾比比皆是：當我們身為學生，因為老師講的課程無聊而昏昏欲睡時；當我們身為教師，辛辛苦苦備課、講授，而學生們卻不買帳、不認真聽講時；當我們作為孩子，因為一次小淘氣而被父母責罵時；當我們作為父母，因為孩子總是記不住自己的管教而不聽話時；當我們作為媳婦，事事戰戰兢兢擔心遭受婆婆的白眼時；當我們作為婆婆，看到媳婦做得不夠好，總是因為雞毛蒜皮的小事而吵架時；當我們作為下屬，屢遭上司的訓斥時；當我們作為上司，總是不滿意下屬所做的工作而大發雷霆時……你是否僅僅站在了自己的立場上去考慮問題，只想到因為對方一次的小小失誤而帶來的損失，只想到對方總是一味的不認真、不專心才會導致發生不好的結果？你是否嘗試著把自己也當成對方，考慮一下他所面臨的困難、他所承擔的壓力？做得不夠好，到底是因為態度不認真，還是因為沒有經驗，還是因為困難太多但又缺乏外界的幫助？當我們換位思考，認真剖析問題產生的原因之後，也許就不會那麼輕易的抱怨、責罵或者大發雷霆了，因為我們知道，如果自己處於同樣的位置上，不一定會做到更好；當我們處於同樣的位置上時，我們希望得到的不是怒吼或者斥責，而是希望能夠多一份理解、多一份寬容、多一些鼓勵、多一次機會。如果能夠換位思考，生活中的摩擦將會大大減少，不和諧的音符也將消失許多。

換位思考的實質，其實就是設身處地為他人著想，想人之所想。人與人之間少不了相互體諒，這是理解的一個方面，也是一種寬容。我們都有被冒犯、被誤解的時候，我們都有對客觀事實無能為力的時候，如果對此耿耿於懷，心中就會有解不開的疙瘩。如果我們能深入體察對方的內心世界，或許能達成諒解。諒解是一種愛護，一種體貼，一種寬容。

換位思考是一種心理體驗過程。將心比心設身處地，是達成理解所不可缺少的心理機制。它客觀上要求我們將自己的內心世界與對方聯繫起來，站在對方的立場上體驗和思考問題，從而與對方在情感上進行溝通，為增進理解奠定基礎。它是一種理解，也是一種關愛。

換位思考其實並不難，首先要設身處地站到對方的角度去考慮問題，設想一下自己是對方、處於對方的境況下會做出什麼樣的反應。這種換位不能虛情假意，也不能只做表面文章。大多數時候，我們只是膚淺的、草率的換了一下位置，而並沒有考慮到對方最真實的想法。

換位思考，道理簡單，做到很難。換位思考能緩和緊張的人際關係，是彼此能夠更融洽的相處；換位思考能使我們擺脫煩惱，多一些諒解和理解；換位思考能使我們不斷進步，完善自我；換位思考更是一種崇高的境界，是一個心胸寬廣的人所必須的素質。

五、獎勵自己

林娜高學歷、高薪資，人又長的漂亮搶眼，是典型的人人羨慕的office lady。平時工作忙碌，不是批閱公司的公文，就是審核專案的資料，還要經常約見客戶，並且常到各地出差。她通常每天都要工作十個小時以上，週末加班也是家常便飯，一個月中往往有三分之一的時間是在飛機上度過的。生活忙碌，工作壓力巨大，可是她還能夠很好的面對，自如的處理自己在生活和工作中角色的轉換，始終保持迷人的微笑和輕鬆的心態。其實她的秘訣很簡單，那就是獎勵自己。每當一個案子談成了，她往往會買一只貴重的手錶來獎勵自己，或者挑選一顆精美的鑽石來給自己增加一點光彩。就算工作的壓力再大，她也會找到讓自己開心的方式：比如忙中偷閒去茶藝館享受一下新茶的幽香，或者去花店選一束鮮花來給房間添點色彩。方式或許不同，所花費的金錢也不一樣，但她總會以不同的原因來獎勵自己，每天讓自己都有簡單的開心的理由，總是保持一顆積極向上的心。也許，正是這種獎勵自己的方式，使她自己對自己先有了肯定，於是也就有了繼續奮鬥的力量。

創造和享受是相輔相成的。我們應該成為快樂的工作者，我們也有理由成為快樂的工作者。而一個快樂的工作者，是懂得會「獎勵自己」的。而「獎勵自己」本身，就包含著工作價值的實現和對工作者本人的尊重。

小時候，參加比賽獲得名次，可以捧著獎盃站在高高的領獎台上，享受大家給予的鮮花和掌聲；走入社會的工作崗位時，工作出色，就可以得到額外的獎金，或者獲得優秀員工的獎狀。這些不同形式的獎勵，都來自於外界，是別人用外界的標準對你加以衡量，加以評價的結果。你曾經試著用自己的標準來評價自己，來獎勵自己嗎？

約翰並不是一個聰明的孩子，最起碼他周圍的夥伴以及他的老師和家長都是這麼認為的。雖然學習用功，可是他從來也沒有獲得過考試第一名，也從來沒有得到過老師和父母的誇獎，以及同學們羨慕的讚揚。每當看見同學們因為考出了好成績從老師那裏領取獎狀，老師露出獎賞式的微笑的時候，每當看見同學們在球賽中表現出色，而被父母愛撫的拍著額頭誇獎說著「寶貝真棒」的時候，他總是低下頭來默默的走開，他心想，自己從來都不會有哪件事情做得出色，從來都不會因為表現突出而得到大家的表揚。

有一天，就在他獨自傷感的在公園的小路上閒逛時，忽然看到湖邊有一個釣魚的老人。他就靜靜的坐在老人旁邊，看著湖水發呆。老人彷彿看出了約翰的苦惱，便關切地詢問約翰。聽完約翰講完的事情，老人笑著對他說：「孩子，當你十歲的時候，你覺得最大的獎勵和幸福，不過就是同學們為你的一次鼓掌，不過就是老師偶爾一次微笑的讚揚，當你得到這些的時候，彷彿自己就是世界上最富有的、最幸福的人；當你沒有得到這些的時候，就認為自己是最不被別人看重的人。可是孩子，不要忘了，最瞭解你的人只有你自己。看看我吧！雖然一生中我從沒有獲得過獎盃，也沒有得過什麼榮譽稱號，現在，就連人們平常認為所應該具有的名譽、地位、金錢，我統統都沒有。可是我還可以氣定神閒的坐在這裏，每天看著太陽東升西落，看著浮雲來回變換，享受大自然的恩賜。每當釣起一條魚，我想這就是給自己的最大的獎勵。」

何必總是去追求外界的光鮮的獎勵呢？何必總是去追求別人的一句讚揚呢？何必總是依賴

那一張紅色的紙來體現自己的價值呢？只有自己才最清楚自己的價值所在，只有自己才最清楚自己的意義所在。如果總是等待著外界的肯定，那麼可能連我們自己都忘記了自己究竟該何去何從？

不如偶爾的獎勵一下自己吧！把你的內心渴望說出來，把誠實的幸福感受道出來，把你願意與人分享的快樂拿出來，當然還包括能夠真實地執著你的夢想與追求。獎勵自己，這是一個多麼有意義的事啊！平時，我們都把獎勵給了他人，而恰恰忘了給自己獎勵，這是多麼不公平呀！

其實，在做好一件事後，自我獎勵也是非常重要的。哪怕只是一個霜淇淋或者一串糖葫蘆式的小小零食，哪怕只是一件新衣服或者一個小禮物所帶來的物質上的滿足，哪怕只是忙中偷閒賴在床上睡上一個下午，哪怕只是坐在書桌靜靜看一會閒書。獎勵自己，讓你充分認識到自己是多麼的難能可貴，讓你充分意識到自己的進步與成長。

人生最值得投資的就是磨練自己。生活與工作都要靠自己，因此自己是最值得珍愛的財富。不要管別人的標準是怎麼樣的，不要管外界對於成功的定義是如何的，讓自己主宰自己的生活和命運吧！從現在開始，為了每一個小小的進步而獎勵自己，為每一次辛苦的付出而獎勵自己，為每一番努力的奮鬥而獎勵自己！生活會因為得到肯定，而充滿信心！

六、珍惜現在

有一天，一位老者在河邊散步，看見了一個年輕人唉聲嘆氣，愁眉苦臉。

「憂鬱的年輕人，你叫什麼名字？」老者問道。

「我叫約翰。」年輕人回答說。

「孩子你為何看起來如此不快樂呢？」老者關切地問。

約翰看了一眼老人，嘆了一口氣，說：「我是一個名副其實的窮光蛋。我沒有房子，沒有工作，沒有收入，整天有一頓沒一頓的度日。像我這樣一無所有的人，怎麼能高興得起來呢？」

「傻孩子，」老者笑著說：「其實，你應該要開懷大笑才對！」

「開懷大笑？為什麼？」約翰不解地問。

「因為你其實是一個百萬富翁呢！」老者有點詭秘地說。

「百萬富翁？您別拿我這窮光蛋尋開心了。」約翰不高興了，轉身欲走。

「我怎敢拿你尋開心？孩子，現在能回答我幾個問題嗎？」

「什麼問題？」約翰有點好奇的說。

「假如，現在我出二十萬元，買走你的健康，你願意嗎？」老人問。

「不願意。」約翰搖搖頭說。

「假如，現在我再多出二十萬元，買走你的青春，讓你從此變成一個小老頭，你願意嗎？」老人又問。

「當然不願意！」約翰乾脆地回答。

「假如，我現在再多出二十萬元，買走你的美貌，讓你從此變成一個醜八怪，你可願意？」「不願意！當然不願意！」約翰猛搖頭的說。

「假如，現在我再多出二十萬元，買走你的智慧，讓你從此渾渾噩噩，度此一生，你可願意？」

「傻瓜才願意！」約翰一轉頭便想走開。

「別急，請回答完我最後一個問題—假如現在我再多出二十萬元，讓你去殺人放火，讓你從此失去良心，你可願意？」

「天哪！做這種缺德事，魔鬼才願意！」約翰不高興的回答說。

「好了，剛才我已經開價一百萬元了，仍然買不走你身上的任何東西，你說你不是百萬富翁，那又是什麼？你現在不正是擁有人生最寶貴的財富嗎？」老者微笑著問。

約翰此時才恍然大悟。他謝過老人的指點，向遠方走去……從此，他不再嘆息，不再憂鬱，微笑著尋找他的新生活去了。

我們每個人都有一大筆財富，那就是我們的健康、青春、智慧和良心，只要我們堅信可以憑藉自身的實力來獲得財富，有勇氣去追求財富，就可以改變自己的命運。不要沉湎於回憶過去，也不要太希望未來，只要珍惜現在。

我們可以珍惜過去，但卻必須放下過去；我們可以憧憬未來，但我們必須清醒的面對現實。**過去是無法改變的，未來是不確定的，我們擁有的最大財富，就是現在。**

不要認為你現在一無所有，不要總是盲目與別人攀比，你所擁有的青春、快樂、激情都是人生中最寶貴的財富。珍惜現在，就是認識到自己的財富並好好珍惜它。

珍惜現在，才會擁有真實。在真實的生活工作中，要勇於承擔自己的責任。珍惜現在，就是告別過去的痛苦，就是延續過去的成績；珍惜現在，就是為將來奠定基礎，更好的對未來負責；珍惜現在，才能更好的認識自己的價值，更好的發現自己的潛力，更認真對待自己的人生；珍惜現在，才知道自己現在所處的位置，知道自己缺少什麼、需要什麼，知道應該往哪裏走去；珍惜現在，就是珍惜自己，就是愛自己。

就算很多人捨得花錢，他們卻不捨得時間。他們整天都苦喪著臉，在為生活，為明天發愁。當有一天，有了工作、房子、車子的時候，卻沒有了年輕的那份憧憬，那份激情。很多時候我們確實不懂得享用現在，所以我們生活中的快樂總是很少很少，我們用太多的精神去關注未來，可是未來是什麼樣子呢？誰也無法把握。而且未來也是由一個個的今天所組成，我們只有用今天愉快的色彩編織未來，未來才是美好的。

珍惜現在，珍惜自己的身體，不要對自己過於吝嗇，不要對自己過於苛刻。想吃什麼就盡情品嚐吧，想玩什麼就大膽體驗吧，別等到你把金錢都賺齊了的時候，卻再也嚼不動美食，再也邁不開步伐，再也沒有心思去完成年輕時推遲的夢想。很多美好的生活，是因為我們不懂得珍惜而匆匆流逝過去。然而，每天所失去的都不再重複。歲月一天天把我們推向明天，卻又一天天吞噬我們的現在。我們唯有珍惜現在才是真正的快樂。

珍惜現在吧，別讓金錢把你享受快樂的權力奪走了，別讓工作把你享受快樂的時間搶走了，不讓一切慾望把你的現在踐踏了。珍惜現在，就是享受真實，在真實的世界中，讓生活充滿浪漫；讓生命大放異彩；讓愛情與親情更執著。大膽的追求真善美，不留一絲遺憾；享受每一分鐘的生活，好讓人生無悔。

珍惜現在，就是為了將來能夠幸福的回憶今天；珍惜現在，才能彌補昨天的遺憾；珍惜現在，才能夠在今天的滿足中滿心歡喜的憧憬未來。

七、抓緊夢想，別輕易鬆開

「一生只做一件事，專注堅持。」成功並不僅僅是靠流血與流汗就可以達到的，只有對某件事情感興趣，心甘情願的長久堅持，才會最終走向成功。因為這個過程會讓你重新啟動智慧，讓你有足夠的能力與時間，圓滿的達到目標。這就是夢想的力量。

羅曼・羅蘭說過：一個人有了夢想，即使在最艱苦的時候，也會感到幸福。自古英雄多磨難。一個平凡人成為一個領域的佼佼者，或者成為一個時代的英雄，是挫折和磨難使然，因為英雄和平凡人的區別就在於，英雄在逆境中抓住了夢想，無論有多少困難都不會放手，在絕境中創造了奇蹟；而平凡人在逆境中選擇了隨波逐流，在絕境中選擇了放手。於是當他放棄了夢想的時候，夢想也放棄了他。

在巴西里約的一個貧民區裏，有一個很喜歡踢足球的男孩，可是他家境貧寒，這個男孩只能用從垃圾箱裏撿來的椰子殼、汽水罐等來練習踢球。

有一天，男孩來到一個已經乾涸的水塘中玩耍，他的腳下照舊踢著撿來的垃圾。這時，恰巧有個足球教練經過，發現男孩的腳力很強，於是好奇的問他為什麼要在這裏踢垃圾。

男孩瞪大了眼說：「我是在踢足球！」

教練聽了會心一笑，說：「可是它們並不是足球啊！來，我送給你一個真正的足球吧。」

男孩開心的拿到了足球，每天更加努力的練習，逐漸的，已經能夠精準地把球踢進十公尺以外的水桶中。

三年後，這位十七歲的男孩在第十六屆世界盃足球賽上，一人獨進二十一球，為巴西捧回第一座金盃。這位男孩正是今日世人所熟知的足球巨星—球王比利。

逆境，不過是一時經濟上的拮据，不過是暫時的窘困，即使處在困難的境地，也要相信風雨過後總會有彩虹。在逆境中，緊緊抓住自己的夢想，別輕易鬆開！只因為一個夢，就可以讓你忘記周圍的困難，只因為一個夢，就可以讓你打造明天的輝煌。

生活艱難而生命頑強的小提琴大師帕格尼尼，正是因為抓住了音樂的旋律，才使得生命沒有因為病痛而悄然逝去，正是因為抓住了夢想，才使得生命充滿了色彩。上天賦予我們生命，就是要我們用它去創造價值。然而祂又給予我們許多附加的痛苦和磨難，就是要讓我們在這種砥礪當中，更加珍惜生命的美好，更加努力地去爭取更好的生活。

成也在人，敗也在人。失敗者並不是比成功者缺少天賦或者有利的條件，而是在逆境或者絕境中，成功者比失敗者多堅持一分鐘，多走一步路，多思考了一個問題。成功的訣竅似乎有許多種版本，自信也好、聰明也好、機遇也好，說到底，成功只是因為他們找到了自己的夢想，並且緊緊抓住這個夢想一刻也不鬆懈，正是堅持和執著，造就了一個又一個事業的巔峰。

抓住夢想，就可以讓自己在絕境中看到希望；抓住夢想，就是握住了人生航行船的舵，可以為自己掌握方向；抓住夢想，就是擁有了成功的力量之源。抓住夢想吧，千萬別輕易鬆開！

八、幸福就在一瞬間

幸福是什麼？幸福是建立在金錢地基上的樓閣嗎？金錢是通向幸福的大道嗎？

歐亨利的小說裏曾經有這樣一段經典的故事：吉姆和德拉是一對夫妻，他們過著貧窮的生活，除了彼此，他們幾乎一無所有。德拉長了一頭美麗的金髮，而吉姆有一只家傳的金錶，這些是他們僅有的值得炫耀的資本。耶誕節快到了，德拉一直想給吉姆的金錶配一條漂亮的錶帶，可是平時一分一分積存下來的錢太少了，根本不夠去買一條貴重的錶帶。她想來想去，最後忍痛將自己的長髮賣給了髮飾店，用賣來的錢給吉姆買了一條最好的錶帶。吉姆回到家後，吃驚地看著德拉的短髮，原來他給德拉買了一套漂亮的玳瑁髮夾，可以將頭髮盤成各式各樣好看的髮型，德拉一直想要擁有這樣一套髮夾的！可是現在她卻沒有了長髮。德拉安慰他說頭髮還會再長的，等頭髮變長了就可以用這些漂亮的髮夾了。吉姆寬慰地笑了，這時候德拉拿出自己為吉姆準備的錶帶，吉姆一臉無奈的告訴她，為了給她買那套髮夾，他將自己心愛的金錶賣掉了！

品嚐美味的瞬間是幸福，享受視覺衝擊的瞬間也是幸福。是的，金錢可以買到昂貴的歌劇票，可以買到價值不菲的首飾，可以讓你能夠去國外旅遊，可以讓你在豪華的餐廳裏吃大餐。可是如果只能一個人欣賞演出，只能自己給自己買鑽石，只能形單影隻的在海灘遊走，只能味同嚼蠟的嚥下食物，那還叫幸福嗎？幸福，是要有人關心你，你也要關心別人；幸福，是你想讓別人快樂，而別人也想讓你快樂；幸福，是接受祝福的瞬間，更是給予祝福的瞬間；幸福，就是有人與你共度，有人與你分享所有酸甜苦辣，分享所有快樂和悲傷。幸福與金錢沒有實質的關聯，任何想單純用金錢換取幸福的行為，必將破壞了幸福。

幸福是什麼？幸福僅僅是得到禮物、得到祝福、得到關懷嗎？

得到是一種幸福，然而耶穌告訴我們：「施比受更有福。」世界上最大的幸福，是使別人幸福；這裏的別人，可能是所愛的人、朝夕相處的親人、患難與共的朋友，甚至是素不相識的陌生人。人，生來就應該要有一份責任感，這也許是對於工作和事業的忠誠，也許是對家人和親人的關心，也許是社會中所有落後時代的人的一種幫助和一種博愛。盧梭曾經說過：**「人在心中應該設身處地想到的，不是那些比我們更幸福的人，而是那些比我們更值得關懷的人。」**幸福，就是給所關心、所愛的人幸福。能夠給予他們歡笑和滿足，能夠把別人的幸福當做自己的幸福，就是最大的幸福。

幸福還是一個人的目標，只要你朝向著那個目標不斷的努力，當你達到了那個目標時，你就會找到了幸福。幸福也是這個努力的過程，即使沒有達到預想的結果，付出的汗水和精力，本身就是一種幸福。

一個老木匠辛苦了一生，建造了無數的房子。這一年，他覺得自己老了，便向雇主請辭，想要安享晚年。

雇主十分的捨不得他辭去工作，因為他蓋房子的手藝是鎮上最好的，再也沒有第二個人能夠跟他相比。但是他的去意已決，雇主挽留不住，就請他再蓋最後一間房子。老木匠答應了。最好的木料都被拿出來，老木匠馬上開始了工作，他一如既往地一絲不苟的測距離、畫設計圖等等；他心想，這是自己一輩子蓋的最後一間房子了，一定要好好報答雇主對他的知遇之恩。夜以繼日的辛苦工作結束了，當房子終於如期建造完成，雇主把鑰匙交到了老木匠的手上，告訴他這是送給他的禮物，報答他多年以來辛苦的工作。

老木匠愣住了，他怎麼也沒有想到，自己一生建造了無數精美又結實的房子，最後耗盡了他畢生心血的房子卻是給他自己的禮物。

雇主對他說：「你辛苦了一輩子，為我們蓋了這麼多漂亮堅固的房子，讓客戶能在舒適的環境中享受天倫之樂和每一個幸福的瞬間。現在我想讓你擁有自己的房子，體會一下這其中的幸福。」

老木匠微笑著對主人說：「作為一個木匠，最大的幸福就是在建造房子的過程啊，我這一生都在建造房子，也是一直在享受著幸福！」

世界級樂壇天后瑪丹娜在回憶自己的幸福瞬間時，並不是站在領獎台上接受鮮花和掌聲的時刻，也不是出席豪華宴會風光的時刻，而都是一些在我們一般人身上隨時發生的事。比如睜開睡眼，發現忙碌了一週後，母親正站在自己的床邊；週末與家人去黃石公園遊玩等等。

所謂幸福，原來是如此的簡單平淡，幸福就是那點點滴滴的感覺累積而成。無需太多言語，一個含有豐富感情的動作，就可以讓對方感到幸福；無需太多金錢和物質的付出，一個發自內心的關懷和問候，就是寒冬裏最大的幸福；無需刻意營造氣氛挑選場合，幸福時時刻刻在我們的身邊。**用心去愛身邊的人，用心去愛自己生活的環境，一顆充滿愛的心，無論什麼時刻都是幸福的。**

第三章

有了激情，工作才有心情

成功的訣竅總離不開熱情，把每天都當作是上班的第一天，為你的工作重新找回激情吧！認真的設定目標，給自己的人生找個方向吧！積極的生活，善始善終的工作，別害怕困難，別責怪他人，你的人生自己把握！工作一帆風順，每天才有好心情！

一、有目標，工作才有效果

在美國西部的一個鄉村，有一位清貧的農家少年。每當有了閒暇時間，他總要拿出祖父在他八歲那年送給他的生日禮物—那幅已被翻得捲了邊的世界地圖，他年輕的目光一遍遍地掃過那上面標注的一個個文明的城市、一處處美麗的山水風景，飄逸的思緒亦隨之上下縱橫馳騁，渴望抵達的翅膀，在那上面一次次自由地翱翔……

十五歲那年，這位少年寫下了他氣勢不凡的《一生的志願》—要到尼羅河、亞馬遜河和剛果河探險；駕馭大象、駱駝、鴕鳥和野馬；讀完莎士比亞、柏拉圖和亞里士多德的著作；譜一部樂曲；寫一本書；擁有一項發明專利；給非洲的孩子籌集一百萬美元的捐款……。

他洋洋灑灑地一口氣列舉了一百二十七項人生的宏偉目標。不要說實現它們，就是看一看，就足夠讓人望而生畏了。難怪許多人看過他設定的這些遠大目標後，都一笑置之，所有人都認為那不過是一個孩子天真的夢想而已，隨著時光的流逝，很快就會煙消雲散的。

然而，少年的心卻被他那龐大的《一生的志願》鼓盪得風帆勁起，他的腦海裏一次次的浮現出自己暢快地漂流在尼羅河上的情景，夢中一次次的閃現出他登上喜馬拉雅山頂峰的豪邁……沒錯，他的全部心思都已被那《一生的志願》緊緊地牽引著，並讓他從此開始了將夢想轉為現實的漫漫征程。

毫無疑問，那是一場壯麗的人生跋涉，也是一場異常艱難、簡直無法想像的生命之旅。他一路豪情壯志，一路風霜雪雨，把一個個近乎空想的夙願，變成了一個個活生生的現實，他也因此一次次的品味到了搏擊與成功的喜悅。四十四年後，他終於實現了《一生的志願》中的一百零六個願望。

他就是上個世紀著名的探險家——約翰·戈達德。

當有人驚訝地問他是憑藉著什麼樣的力量，讓他能把那些許多注定的「不可能」都實現了，他微笑著如此回答：「很簡單，我只是讓心靈先到達那個地方，隨後，周邊就有了一股神奇的力量，接下來，就只需沿著心靈的召喚前進。」

這種心靈的召喚就是夢想的力量，就是目標的力量。夢想可以激發你心中的熱情，讓你在平淡的生活中產生對未來的美好憧憬，重新找到生活的方向。而把這種夢想具體化，就是要形成自己的目標。許多人在埋頭苦幹時，尚未發掘人生的終極目標，只是為忙碌而忙碌著，未曾洞悉自己心靈深處的所求，也不曾審視過自己的人生信條：你到底要做什麼？什麼是你生命中最重要的？你生活的重心是什麼？只有確立了符合價值觀的人生目標，才能凝聚意志力，全力以赴且持之以恆的付諸實現，才有可能獲得內心最大的滿足。

對於自己的工作，對於自己將來要過著什麼樣的生活，對於自己將建立什麼樣的事業，對於十年、二十年甚至更久以後，你將要成為什麼樣的人；你有自己的目標嗎？如果還沒有，那就趕緊行動吧！有了目標，工作才會更有效果；有了目標，生活才會更有激情；有了目標，你才會擁有無窮的力量！

然而光是有一個遠期的、宏大的目標也是不夠的。某著名心理學教授曾經將一組打算從新的一年開始，改變自己行為的人作為實驗對象，結果發現最成功的是那些目標最具體、明確的人。其中一名男子決定每天做到對妻子和顏悅色、平等相對。後來，他果真辦到了。而另一個人只是籠統地表示要對家裏的人更好一些，結果沒幾天又是老樣子，照樣吵架。

這就是兩者的差別。不要說空洞的話，比如：「我打算減肥」，或「我計畫多讀一點書」。而應該具體、明確地表示：「我打算每天跑步一個小時，這週就可以減掉一公斤的體重」，或「我計畫一週中一、三、五的晚上讀一個小時的書」，或者「我決定現在就改掉空談的毛病」。目標必須是明確的、具體的。針對自己的遠景目標，必須要設定與之相輔相成的階段性目標。這是將目標明確化、具體化，把一個遙不可及的光環放在高台上，而你所要做的，是一步一個台階向上攀登。階段性的目標可以避免讓你對未來失去信心，可以讓你明確的知道自己在每一段時間裏都做了什麼，有了成績隨時可以看到，這樣可以增加自信；落後了也可以隨時知道，以便及時趕上，不至於累積成大問題。階段性目標可以幫助你循序漸進的實現夢想。

二、與同事友好合作

許多年以前，有三個流浪者經過了一片荒蕪人煙的原野，他們經過與死神數次的較量之後，好不容易見到了一個村莊。他們又累又餓，饑寒交迫，於是向村民請求給一點食物充饑。由於連續的戰爭，村民們的收成很不好，沒有人捨得將珍貴的糧食分給這三個流浪者，村民們趕緊把自己僅有的一點食物藏了起來，然後告訴流浪者說他們也缺少食物，很遺憾不能招待他們飽餐一頓。

三個流浪者竊竊私語了一會兒，一個老者說：「你們沒有東西給我們吃，這也不能怪你們。不過我們有一點能與大家共同分享的東西，我們有一個訣竅，能用石頭做湯。」

村民們內心感到非常好奇，他們心想如果能夠學會如何用石頭做湯，那麼就算再有戰亂和饑荒，他們也不用再害怕了，因為可以用石頭做湯啊！不久他們就點起一堆火，架上了一口全村最大的鍋。三個流浪者往鍋裏放入了三塊光滑的石頭。「這個，一會兒就能煮成美味的湯。」一個年輕的流浪者說，「不過，要是放一點鹽，再來點芹菜，它的味道就會更加鮮美。」一聽這話，一位村婦說：「太巧了！我正好想起來什麼地方還剩下了一點呢。」村民們一個個想起了什麼東西。不一會兒，蘿蔔、牛肉、乳酪紛紛添加到了大鍋裏。在大家坐下來準備喝湯的時候，有人推來了一桶酒。

村民歡聚在廣場上，他們邊吃邊跳舞、唱歌，直到深夜。第二天早晨，當三個流浪者醒來時，發現村民們全都站在他們周圍。「你們給了我們最寶貴的禮物：用石頭做湯的訣竅。」村長說，「我們會永遠牢記在心中的。」

第三個流浪者對眾人說：「其實也沒有什麼訣竅。不過有一點是可以肯定的，只要人人都拿出一點東西來，大家一起做，才能煮出美味的湯。」

合作看似個簡單的道理，實行起來卻不一定那麼容易。為什麼不願意合作呢？因為你還沒有放下一個「私」字。想要獲得別人的幫助就得先幫助別人，如果僅用一支筷子吃飯，它幾乎連塊肉都夾不起來，而用一雙筷子，就可以享受無窮的美味。可見，只有合作才能發揮個體不具有的力量，才能擁有大於個體的力量，這正是一加一大於二的道理。合作可以帶來無窮的力量，合作是通向成功的指標，是鋪向成功的基石，是開往成功的列車。

一個合適的合作者應該具有較強的學習能力。學歷只能代表過去，經驗也只能代表習慣；學習的能力、創新的能力和舉一反三的能力，都是一個高效能團隊所不能缺少的。學習不僅是一種能力，更是一種態度，一種謙虛、認真精神。誰都無法與驕傲自大、目中無人的人合作，只有彼此都抱有學習的態度，去應對即將面臨的難題，從對方身上取長補短，才能夠營造積極向上的團隊氛圍。

一個合適的合作者還應該具有較強的理解力和行動力。只有行動才會有結果，行動不一樣，結果也不一樣。不知道如何去做，就無法衝出起跑線；知道了卻不去做，等於不知道；做了沒有結果，等於沒有做。人非聖賢，孰能無過。我們不是不允許犯錯誤，只是人應該有控制自己盡量少犯錯誤的能力。一個生鏽的機器運轉起來是很費力的，理解力和行動力就像是潤滑油，可以減少不必要的摩擦和誤會，使合作更加愉快。

一個合適的合作者不能吝嗇，要具有大度的胸懷。斤斤計較的人，沒有半點奉獻精神，是不可能創業的。合作就是要靠你我都盡一份力，共同來完成任務。如果太過自私，不肯出力，或者小肚雞腸總是計算誰做的多誰做的少，必將破壞合作的誠意，導致合作的崩潰。

一個合適的合作者應當善於溝通，誠懇大方。每個人都有不同的立場，不可能要求利益都一致。有不同意見不要緊，關鍵是大家都要開誠佈公的說清楚，既不要委曲求全，也不要暗地裏打小算盤。誠信才是合作最好的基石。

具備這樣品質的人，一定會是大家都爭搶的合作者。那麼，想要與這樣的人合作，首先自己就要做一個這樣的人。合作需要誠意、需要默契、需要溝通，而且需要的是一顆真誠的心。與你的同事真誠的合作吧！合作，可以讓公司的氣氛更和諧；合作，可以讓員工的幹勁更充足；合作，可以讓事業蒸蒸日上。

三、善始善終

大學畢業後，小陳和幾位同窗好友一同應徵到一家外貿公司工作，實習期間，他們兢兢業業，勤勤懇懇，生怕犯一點錯誤而無法通過試用期。轉眼試用期就要到了，公司馬上就要決定他們的去留，每個人心底都忐忑不安。

這天臨近下班，主管通知他們說：「對你們的考察結束了，明天下班前你們就可以到財務處結款去了！」

「為什麼？」他們問。

「不為什麼，這是公司的規定！」主管兩手一攤，一副愛莫能助的樣子。

幾個人當時就傻了，讓我們去財務處結款，不就意味著要明天一下班就走人嗎？

小陳無奈的想：「走就走吧，也許我們還不是人家公司的最佳人選。」這樣一想，心裏也就釋然了。然後他和往常一樣處理著手邊的工作，旁邊的同事老張有段時間忙不過來，小陳仍然跟以前一樣去幫他。而其他幾個人，則冷漠的坐在那裏，主管有時叫他們幫忙，不是慢慢吞吞，就是愛理不理。

第二天一上班，情況就更糟了，除了小陳正常上班之外，其他幾個人來得都晚了，上了班之後便開始收拾自己的東西，一副隨時準備離開的樣子。

臨近下班，主管通知他們去財務處領取自己的薪資。在走出辦公室的一剎那，主管說：「你不帶好你的東西嗎？」

「不，因為還沒有到下班時間。」小陳說。

領完薪資，其他幾位同事對小陳說：「晚上一塊喝酒去。」然後轉身離開了那家公司。

小陳回到辦公室，剛巧到了下班時間，主管還坐在那裏，便對他打了個招呼，走到自己的座位便開始收拾自己的東西。主管走過來說：「你在幹嘛？」

「你不是讓我們結款走人嗎？」小陳說。

「你說過的，因為還沒有到下班時間，所以明天你還要繼續上班！」主管誠懇地說。「這麼說，你讓我留下了？他們幾個也可以留下嗎？」小陳高興的問道。

「別搞錯了呀，他們幾個不是已經下班了嗎？假如讓你們結款也算考驗的話，能考出每一個人的真實素養。」

成功的經歷各有各的不同，不成功的經歷卻往往只差那最後一份的堅持。能否摒除外在因素的影響，做到善始善終，的確可以考驗出個人的真實素養。善始善終，從另一面來說，就是真誠不二的人格。古代，中國的君子們崇尚「慎獨」，說：「莫見於隱，莫顯於微。」意思是君子在沒有人的時候也不做壞事。孟德斯鳩也說過類似的話：「衡量一個人的真正品德，是看他在知道沒有人會發覺的時候做些什麼。」正像故事中的幾個年輕人不同的表現那樣，其他人以為自己沒有被錄取，已經與公司無關了，所以可以不再為公司的事情而忙碌。有些時候就是這樣，你放棄了在最後一分鐘也要堅守崗位的道德底線，所以成功也就放棄了你。

中國道德傳統歷來講究「善始善終」，大概理出於此。沒有一個好的開始，恐怕也難求一個完美的結局；可是有了好的開始但不能堅持到底，甚至將結局弄得非常糟，即便開始再好又有什麼意義？我們常常說好的開始是成功的一半，未免誇大其詞，有了好的開端，並不一定就會有好的結果。古語說：「行百里者半九十。」意思是想要走一百里路的人，走到第九十里時才算走完了一半。很多位高權重卻因貪汙腐敗而下台的領導幹部都具有一個共同性，即都有一個苦難的童年，都有一個奮鬥的青年，都有一個上升的中年，最後都有一個悲慘的晚年。只因為最後幾步的路程上，沒有看清方向把握住自己，馬失前蹄，結果導致大半生的努力和成績都付之東流。萬事起頭難，如果我們不能保證事情開端都順利，那麼至少我們可以用辛苦的努力和不屈不饒的精神來保證走到最後，有一個圓滿的結局。

善始善終是一種端正的態度，是對工作和任務負責到底的責任感，是對自己和別人都負責的使命感。在如今過分強調自我為中心的社會，這樣的精神更加顯得可貴。成功就是將簡單的事情重複做，不以強烈的目的性為前提，不以物質回報的多寡為標準，「量入為出」的付出努力。善始善終的工作，不僅是一種責任，更是一種良好的品行，只有這樣，才有可能得到成功的青睞。

善始善終是一種淡然的心態，是一種超脫的境界，是一種平淡如水、平淡如初的感覺。善始善終就是誠實守信，對待工作一絲不苟。因此，我們從事工作，不論是哪種行業和職位，都需要恆心、耐心，才能打好基礎、才能贏得信任。

善始善終也是一種追求、一種自信，心不驕氣不餒。學習如此，工作如此，生活如此，愛情如此，能做到善始善終，就是成功。不管你從事什麼樣的工作，不管你居於多麼高的位置，不管你是否不斷的遊離於不同的公司之間，不管你是把工作當作一種遊戲還是一項事業，善始善終的做好自己的本職工作吧！以認真的態度對待工作和生活，工作和生活也會以認真的態度回報你。

四、積極主動

在開始這一節的故事之前，請考慮一下釣魚和捕魚的區別吧！你是喜歡靜靜坐在湖邊等著魚兒來上鉤，還是喜歡在海中乘風破浪撒網滿載而歸？如果你有空閒又有怡然自得的心態的話，在湖邊坐上一整天，靜靜地等待魚兒來咬餌，不在乎是否兩手空空，只在意享受朝陽晚霞和「釣勝於魚」的哲理，那麼，你的人生是愜意和平靜的；但是如果你是一個不安於平淡、不甘於寂寞的人，想要經歷一些風浪和挑戰，那麼就請拿起自己的漁網，勇敢的到海中去，掌握人生航行船的方向，面對風浪和險灘，積極主動地去收穫屬於自己的果實！

積極主動最早是由著名心理學家維克向大眾推薦的，他是一名佛洛依德心理學派的信徒，由於身為猶太裔心理學家，二次大戰期間被關進納粹集中營，遭遇極其悲慘。他運用難得的自我意識天賦，發掘人性最可貴的一面，那就是人有「選擇的自由」。這種自由來自人類特有的四種天賦，即自我意識、想像力、良知和獨立意志。他在獄中發現的人性，正是追求圓滿人生的首要準則—「積極主動」。它的第一層涵義是採取主動，人必須為自己負責；第二層含義是個人行為取決於自身，而非外在環境；第三則是理智可以戰勝感情；第四，人有能力也有責任創造有利的外在環境。

曾經獲得美國新聞界最高獎—普立茲獎的記者伍德・沃德是一個積極主動為自己創造機會的人，也是一個不安分守己、不達目的誓不甘心的人。

當他剛剛開始自己的職業生涯時，就一心想進入《華盛頓郵報》做一名記者。當時，主管編輯部工作的余利實在看不出這個小伙子有什麼過人之處，就讓副手安迪去應付他。安迪對伍德・沃德說：「余利說可以給你一個機會，不過，只有兩個星期的時間，而這兩個星期是沒有報酬的。」

兩個星期很快就過去了。伍德・沃德雖然做得很賣力，但採訪寫的十七篇稿子一篇也沒有見報。這天，還是在安迪的辦公室裏，伍德・沃德聽到了他最不願意聽到的話：「小伙子，你很聰明，也很勤奮，但缺乏作為優秀記者的素養，而且這種素養你是很難具備的……」伍德・沃德後來回憶說，他當時的感覺如同被重重的踢了一腳。

無奈的伍德・沃德只好在華盛頓附近的蒙特哥莫瑞找了一份工作，但他不甘心自己的命運被這兩個星期的試用扼殺。沒多久，他開始頻頻給余利打電話，希望能再給他一次機會。一次，正在渡假的余利又接到伍德・沃德的電話，他不堪忍受伍德・沃德的糾纏，忍不住大發脾氣。倒是他的妻子冷靜地說：「你難道不認為這正是一個好記者必須具備的素質嗎？」應該說，余利是明智的，他聽了妻子的話，讓伍德・沃德回到了《華盛頓郵報》。

一九七二年六月，當人們茶餘飯後笑談：「五個戴手套的男人，闖入民主黨全國委員會總部」時，伍德・沃德從中嗅到了不同尋常的氣味。於是，他和同事伯恩斯坦透過蛛絲馬跡，窮追不捨，終於揭開了一個驚天黑幕——「水門事件」的真相。

「水門事件」讓尼克森提前結束了總統生涯，讓《華盛頓郵報》獲得美國新聞界的最高獎——普立茲獎，也讓伍德・沃德躋身世界知名記者的行列。

有人說是水門事件成就了伍德・沃德的聲望和地位，然而請不要忘記，如果不是伍德・沃德自己積極主動要求進入《華盛頓郵報》，如果不是他在遭受拒絕後仍不灰心，積極聯繫主編以取得其信任，那麼水門事件所成就的將會是另外一個甚至數個伍德・沃德。不是機遇偏愛伍德・沃德，而是他一路不曾停歇，積極的趕到了人生的十字路口，於是當歷史性事件發生的時候，便能夠迅速地抓住機遇。

有這樣一句格言：「**每個人都是自己生活的設計師。每一個人都應該對自己的生活負完全責任，你現在的處境正是你自己造成的。**」現在的生活不如意，人生不快樂，請不要抱怨；為什麼不主動努力呢？難道你身邊沒有比你起點還低，但最後取得成功的人嗎？與他們比較一下，難道你不應該反省一下自己嗎？上天是公平的，只有付出才能有回報，只有積極的行動，艱辛地努力，才能最終得到滿意的成績。

人性本質是主動而非被動的。採取主動並不表示要強求、惹人厭或具侵略性，只是不逃避為自己開創前途的責任。那麼我們該如何做到積極主動呢？

首先，要有積極的心態、樂觀面對人生，大膽憧憬未來。每天都告訴自己要做得更多、做得更好。不要為了暫時所處的困境，或者低谷而灰心喪氣，要有勇氣來改變可以改變的事情，有胸襟來接受不可改變的事情，有智慧來分辨兩者的不同，然後行動起來，自己解救自己，自己改變自己。

第二，要做好充分的準備。機會只偏愛有準備的人，只有在平時事事用心，事事盡力，才會一點一滴累積起自己的能力。不要等待機遇上門而要創造機遇，把握機遇。要做好充分的準備，當機遇來臨時，你才能抓住它。

第三，積極推銷自己，讓別人認識你、相信你。主動尋找每一個機會，讓上司和同事知道自己的成績、能力和功勞。這同時也不要忘了團隊精神，真誠的與每一個同事合作，發表見解、貢獻主張，熱情的協助他人、鼓勵大家。凡事以事為本、以人為先。

第四，掌握主動權，不再受制於事情或受制於人。習慣從小事做起，冷靜分析事態的真相而不輕信他人，有主見而不盲從。主動影響事情而不是受事情所影響，積極嘗試每一個新方案、新挑戰而不退縮。

第五，對自己負責，自己把握命運。勇敢地面對人生，不要把不確定的或困難的事情一味擱置起來，不要被一時的挫折擊敗，被一時的困難嚇倒。積極主動抓住命運中自己可以選擇、改變和可以最大化自身影響力的部分。

第六，多做嘗試、邂逅機遇。換工作的意義在於，一開始的決定並不是終生的決定。有機會嘗試更多，才能找到真正的興趣所在。只有你不斷的嘗試、不斷的調整自身的狀態、不斷發掘自身的潛力，才能最終找到最適合自己的方向並創造一番事業。

第七，以終為始，積極地規劃職業人生。任何規劃都將成為你某個階段的終點，也將成為你下一個階段的起點，而你的志向和興趣將為你提供方向和動力。只要認真制定、管理、評估和調整自己的人生規劃，你就會離你自己的目標越來越近。

積極主動是人類的天性，是最重要的人生態度。積極主動，才能擺脫現有不利的客觀條件的束縛，才能勇敢面對新挑戰、新機遇，才能開拓更廣闊的天空。人，一定要擁有一顆積極、主動的心，要善於規劃和管理自己的事業，為自己的人生做出最為重要的抉擇。沒有人比你更在乎你自己的事業，沒有什麼東西像積極主動的態度一樣，更能體現你自己的獨立人格。積極主動地面對生活、面對工作吧！更多積極，更多收穫。

五、把困難看作是上帝的禮物

你一定看過激動人心的跳高比賽吧？但下面要講述的，是一場特殊的比賽：

在一場國家奧林匹克比賽的決賽上，米奇爾・斯通面臨著他撐竿跳高生涯中最富挑戰性的時刻。橫竿定在十七英呎，比他個人最好成績高三英吋。飛到二層樓那麼高的這種想法，對於觀看這項比賽的任何人來說都是一個夢想。今天，此時此刻，這不但是米奇爾的實現與夢想，而且是他的追求。

從十四歲起，米奇爾就開始了一項周密詳細的訓練。他一天練舉重，隔一天練跑步。訓練計畫是由教練也是他的父親所精心制訂的，米奇爾的執著、決心和嚴格訓練都是父親一手調教的。米奇爾是個優秀的學生又是獨子，他為完美而奮力拚搏的這種堅持不懈的精神，不但是他的信念，而且是他的激情。米奇爾的父親總是說：想要得到，就必須努力。

他知道最後的時刻來臨了，只要跨過這個高度就可以穩獲冠軍，而小小的失誤又會使它屈居亞軍。這並沒有什麼可羞恥的，然而米奇爾不允許自己失敗。他在草地上翻滾了一下，指尖上舉，祈禱了三次。他拿起撐竿，穩穩站定，踏上他十七歲的生涯中最具挑戰性的跑道。橫竿被定在比他個人成績（最好成績）高十八英吋的位置上，那距全國記錄僅一英吋。他感到劇烈的緊張和不安，他想起母親常告訴他這樣的時候，做一下深呼吸。他照著這樣做，緊張程度便漸漸的消失，他把撐竿輕輕地置於腳下。他伸開胳膊，挺起身體，他小心地拿起撐竿，心臟怦怦在跳。他想觀眾一定也是屏息以待，四周靜寂，忽然他聽到遠處幾隻飛翔的知更鳥的歌聲，他飛行的時刻到來了。

他開始全速助跑，跑道與往日不同但又很熟悉。地面就像他常夢到的鄉間小路，石頭、土塊、金色麥田紛紛湧入腦海。他做了一下深呼吸，一切順理成章，他飛了起來，毫不費力，就像在童年的夢幻中。只是這次，他知道不是在做夢，這是真的。一切似乎都在以慢動作進行著，他感到周圍的空氣那樣純淨，那樣新鮮，米奇爾如鷹般一樣翱翔在藍天。

不知是看台上的人們的歡呼聲，還是落地時的重擊聲使米奇爾重新清醒，明亮的暖洋洋的陽光照在臉上；米奇爾不知道他的父親正在摟著妻子大哭呢。米奇爾馬上被人群包圍，人們與他擁抱，祝賀他生命中輝煌的成就。他跳越了十七英呎六點五英吋的高度：一項全國乃至世界的青年錦標賽記錄。

鮮花、獎盃和傳媒的關注將改變米奇爾日後的生活。這一切不是因為他贏得全國青年賽的冠軍，並打破一項新的世界紀錄，也不是因為他把自己的最好成績提高了九點五英吋，而只是因為米奇爾・斯通是個盲人。

上帝在給你關上一扇門的同時，也會打開另一扇門。失明的人往往聽覺比常人更加敏銳，能夠在塵世浮躁中聽得到蟲鳴鳥語，聽得到大自然最深情的呼喚；失聰的人往往眼睛更加明亮，能夠看得到被罪惡和醜陋掩蓋的人純真的本性和世上最珍貴的真善和美。米奇爾失去了像常人一樣看見太陽、鮮花和世界的權利，但同時，他也不會看到自己面臨的危險，當他跳起來時，不會因為看不到落點而感到害怕。

遇到困難，我們首先應該想清楚，這並不是因為自己運氣不好，或者時運不濟才惹上了麻煩。既然不幸已經發生，就沒有理由浪費時間來怨天尤人。沒有吃過苦就不知道什麼是甜，人生必須度過逆流才能走向更高的層次，既然注定要經過一番磨練，就先鼓起勇氣，勇敢接受挑戰。

還要把困難當作是上天賜給你的特殊的禮物。這是一種開明的思想，更是一種豁達的人生態度，是經歷了風風雨雨之後練就的泰然自若的境界。

天空黑暗到一定程度，星辰就會熠熠生輝。要把不利變為有利，把困難看成挑戰和機遇。事物都具有兩面性，困難使人痛苦，但是透過困難的磨練，的確會使人變得更加成熟，因此困難並不是壞事。

最重要的是要在困境中崛起奮發，不怕吃苦、不畏艱險，更要有耐心和堅持不懈的精神。人類具有最偉大的力量，可以改造自然，可以開創未來；人類更具有無窮的潛力，可以戰勝所有的困難。

一切努力都為了追求那事物內在美的實現，千萬別丟了理想，丟了信念。要堅信，一切都是為了更美好的未來，別催促上帝的安排，給生活以時間，去把理想實現。

面對困難，請保持這份從容，保持你的微笑，保持一顆積極向上的心。**請相信，因為上帝覺得你更特別，更值得鍾鍊，更看好你的未來，才將困難這最特殊的禮物賜予了你。**

六、把每天都當作是上班的第一天

許多年過去了，你還會記得自己上班第一天的樣子嗎？清晨早早就起床了，不敢在床上多賴一分鐘；出門前將衣服整理了一遍又一遍，對著鏡子練習自己微笑的模樣；提前到了辦公室，跟每一個人熱情的打招呼問好，甚至還包括打掃衛生的阿姨；認真地看著手中的檔案和電腦中的資料，生怕漏過了一個細節做錯事情被上司唸；連午飯時間也不敢放鬆，仔細的考慮每個同事的話語，想著自己該怎麼回答……。

現在的你也許在上班前的最後一分鐘才慢吞吞的走進辦公室，隨便簽了到或打卡之後，再拿出早餐出來吃；一上午都在無精打采的看報紙，直到快午飯時間了，草草地翻了一下今天的檔案資料；秘書送過來報批的單據，可能都懶得看上一眼，大筆一揮簽字，任務就算完成了。

蘇珊是麻省理工學院的研究生，畢業之後，她直接進入了英特爾公司，不久便成為分公司的一名銷售經理的候選人。為什麼她能如此迅速地被提升？僅僅是因為她的學歷嗎？

事實並非如此。蘇珊作為一名大學畢業生，進入英特爾公司的第一份工作只是坐在辦公室接聽電話、處理檔案資料。雖然畢業於名校，但是由於蘇珊在貧困家庭中長大，她知道幸福生活來得艱辛，所以她一直保持著愉快的心情來做好身邊的工作，為明天累積經驗。

由於蘇珊從到公司上班的第一天起，她就認真地做著份內的工作，沒有怨言，使得公司人事部的人覺得自己沒有選錯人。她得到了相當高的評價。一年後，蘇珊得到了培訓的機會，如今，她已經是英特爾公司的一位區域經理了，負責產品的銷售與開發。

對於自己的工作，蘇珊這樣說：「任何工作，任何職位，對我來說都很珍貴，我相信每一份工作都能讓我學到很多東西。每天來到公司，我只要一想到今天又可以從工作中接觸到新的東西，心裏便會覺得很高興，我非常珍惜已經擁有的這份工作。」

工作是一個包涵了諸多智慧、熱情、信仰、想像和創造力的詞典。卓有成效和積極主動的人，他們總是在工作中付出雙倍甚至更多的智慧、熱情、信仰、想像和創造力，正是因為他們為工作付出了最寶貴的熱情和努力，所以從工作中得到了物質上的報償、職位上的榮耀和最寶貴的成就感。

工作其實是一個態度問題，是一種發自內心的愛，一種對工作的熱情。工作需要熱情和行動，工作需要努力和勤奮，工作需要一種積極主動的精神。只有以這樣的態度對待工作，我們才可能獲得工作所給予的更多的獎賞。

韓劇《大長今》裏滲透著關於成功的至理名言，一共六個字：單純、熱情、拚命。

你可以憎恨緊張的辦公室政治，你可以討厭總愛挑毛病的主管，你可以厭煩只知相互推諉工作的同事，但你不能討厭工作本身。複雜的人際關係也好，殘酷的利益之爭也罷，做一個單純的人，一個只想把工作做好的人，會使你的工作變得不那麼討厭。想些該想的問題，做些該做的事。社會再複雜，也需要簡單的人。

一個對工作充滿熱情的人，總是會有一個很強的時間觀念和想要把工作做好的衝動。因此他們會時刻注意保持自己的高效率，為此，他們在處理事務的時候會直接切入主題，以免浪費時間。如果我們對自己的工作有了熱情，那麼可以說我們已經喜歡上了自己的工作，這裏的工作就成為了自己真正的事業了。

成功的人士除了樂於工作之外，也能從工作本身獲得愉悅的心情。這些人未必都是工作狂，我們也不需要成為工作狂，但是我們應該為自己的成就和效率驕傲。

絕大多數人在上班的第一天裏，應該都擁有一顆單純的心、飽滿的熱情和充足的幹勁。只不過隨著日子一天天的過去，我們便慢慢淡化了這些感覺，或者說在時間的機器裏慢慢的生鏽。

曾經有一位公司的主管這樣說過：「你不但要享受自己的成就，也要享受自己的計畫。不管你的工作多麼低微，你都必須對工作保持興趣，因為在不斷改變的時間財富中，這才是你真正擁有的東西。」要讓自己的工作效率得到顯著提高，其實並不需要怎樣激烈的改變，只要把每天都當作上班的第一天，以最好的心情對待工作，工作回報給你的就會是更大的快樂，你的工作效率也會因此而提高。事情就是這麼簡單！

七、無能的船長責怪風向

在一個外國看守所裏，關押著四個慣竊犯。看守人員在巡查的時候，發現這四個嫌疑犯在用撲克牌賭博。看守人員很氣憤，馬上打開牢門，對四個人逐一搜查，結果什麼也沒有，看守人員十分沮喪。

過了兩天，看守人員又發現這四個嫌疑犯在用撲克牌賭博，他先躲在牢門邊，然後趁裏面的人不注意的時候，一下子迅速打開牢門衝了進去，並命令四個嫌疑犯統統面朝牆壁站好，並且把衣褲全部脫掉。然後，看守人員對四個人的衣褲再全部進行徹底地檢查，結果，還是什麼也沒有！這倒使得看守人員一籌莫展了。於是，他決定向看守長彙報。

看守長聽了看守人員的彙報以後，胸有成竹的對看守人員說：「你再去搜查一次，我在門口看著。」

看守人員又去牢房裏搜查了，這一次查得非常仔細和認真，結果還是沒有查到這副撲克牌。

看守人員十分懊惱，不知如何來向看守長彙報。這時看守長走到了牢房門口，對在裏面檢查的看守人員說：「撲克牌已經找到了。」「在哪裏？」看守人員喜形於色地問。「在你的口袋裏。」看守長告訴看守人員。看守人員一摸口袋，撲克牌果然在自己的口袋裏。

因為這四個人都是慣竊，摸他人的口袋是他們的專長，當看守人員開牢門進牢房的時候，他們就把撲克牌放進了看守人員的口袋，等看守人員出牢房之前，他們再把撲克牌從看守人員的口袋裏拿了出來。

看守長遠遠地望著，看到了四個嫌疑犯的一切行動，終於查出了這副撲克牌。

這個看守人員為什麼查撲克牌總是撲空？就是因為他只想到四個嫌疑犯身上藏有撲克牌，根本沒有想到要在自己身上查一遍，而撲克牌偏偏被竊賊們放進了他的口袋。

其實很多人都是這樣，只知道有問題，卻不能抓住問題的核心，總以為問題出在別人身上，卻從來不想在自己身上找一找。

無能的船長責怪風向，你在面對困難和問題的時候，是否也像一個無能的船長一樣，總是抱怨風向不對、帆布不牢等等原因，而從未想到自己是否盡職盡責呢？從下一次開始，再遇到問題，請先從自己身上找一找根源所在。

想想看，你是否有很多本該把握的機會，因為自己的故步自封，不肯從以往的經歷中吸取教訓而白白錯過了呢？你是否總是固執的相信自己的判斷和思維，而不肯根據變化的情況隨時更新自己的想法，不肯將自己身上與事態發展趨勢不一致的因素拋棄，導致自己喪失了更多更好的機遇呢？

有一次，我和以前的同事在一起聊天，其中一位同事對自己目前的處境表示不滿。並找出了很多理由，比如：上司心胸狹隘，不願提拔自己，同事難於相處，還有經營環境也大不如前了。其他的同事也表示贊同，但我卻覺得即使他所說的全部都是事實，他也漏掉了最重要的一點：個人努力的因素。

艾倫因對原來工作單位的環境感到不滿意，辭職來到一家著名的跨國公司應徵。考官首先詢問他的問題便是：「你為何離開原來的公司？」艾倫直率應答：「原來公司的工作環境不理想，影響了我的工作熱情和動力，使我沒有辦法發揮自己的所有才能。因此我希望換個工作環境，希望透過環境的改變來發揮自己的實力。」但是最後，這家跨國公司沒有錄用他。後來，艾倫又相繼應徵了幾家公司，結果都是無功而返。出現這樣的情況，艾倫百思不得其解。自認為能力優秀的他，不能理解自己為何被這些公司拒絕。

艾倫的問題並不在於他不具有勝任某項工作所需的專業技能，而是在於他對離開原來公司的原因總結不恰當。工作一出問題，他首先把責任歸到周圍環境上，例如工作氣氛不好，這剛好說明他自己適應環境的能力差，對環境及公司氛圍的融合度不夠，而不是試著從自己身上找出原因。

現實中有些人，總是用自己的經驗來判斷是非，決定對錯，以為自己的思維永遠不可能出錯，至死不肯悔改。不要相信世上有救世主，沒有一個人能幫助你擺脫痛苦、憂傷、困難，真正能幫助你的是佛家常說的「悟性」，也就是自我反省，從自己身上找原因。

人非常容易墮入自傲甚至盲目的泥坑，人需要成熟，更需要將「從自身找原因」當作人生的價值得以實現和提高的必修課程。這種自我否定的過程需要極大的勇氣和意志力。你是否經常靜下來反省自己的行為和思想：自己的行為和思想是否在任何時候都是正確的？是否有過偏差？是否在不適當的時刻讓不適當的情緒控制，而做出不恰當的事情？或者在處理某樁事情時缺乏合適的態度而導致他人的指責？或者在某件事情上自己能夠做得更好一些？是否在一些細小的事情上有過不該有的失誤？有了失誤之後是如何挽救和彌補的？是否自己的態度有時不夠積極？或者能夠更加主動一些？……

敢於否定自己的人是敢於迎接更大的挑戰的人，肯大膽說出自己錯誤的人是真正想獲得成功的人。不要再抱怨別人做得不夠多、不夠好，不要再哀嘆生不逢時、命運不濟而沒有成功，只是因為你還沒有完全找到自己的錯誤。仔細看看自己，仔細想想自己的所作所為，反省，將助你攀登事業的高峰！

第四章

好人緣，好心情

人在社會上，不可避免的要融入許多的群體，扮演各式各樣的角色。即使再忙碌，記得經常抽出三分鐘的時間：一分鐘用來讚美別人，一分鐘用來感謝別人，一分鐘用來寬容。不要總是想要得到，其實給予才是更大的快樂；不要總是以為獨吞才是精明，只有分享才能帶來幸福；不要所有的事情都自己扛，堅持不下去的時候請告訴別人。你不是因為外在的美而吸引大家，而是內在的修為讓你的魅力獲得永恆。愉快的與人相處，換來每天好心情！

一、一分鐘讚美別人

幾天前，我和一位朋友搭計程車，下車時，朋友對司機說：「謝謝，搭你的車十分舒適。」這司機聽了愣了一愣，然後說：「你是混黑道的嗎？」

「不，司機先生，我不是在尋你開心，我很佩服你在交通混亂時還那麼心平氣和。」

「哦，謝謝！」司機說完，便駕車離開了。

「你為什麼會這麼說？」我不解地問。

「我想讓這個城市多點人情味。」他答道。

「靠你一個人的力量怎能辦得到？」

「我只是起催化劑的作用。我相信一句小小的讚美能讓那位司機整日心情愉快，如果他今天載了二十位乘客，他就會對這二十位乘客態度和善，而這些乘客受了司機的感染，也會對周遭的人和顏悅色。這樣算來，我的好意可能間接傳達給了一百多人，不錯吧？」

「但你怎能希望計程車司機會照你的想法做呢？」

「我並沒有希望他。」朋友回答：「我知道這種作法是可遇不可求，所以我盡量多對人和氣，多讚美他人，即使一天的成功率只有三〇％，但仍可連帶影響到很多的人。」

「我承認這套理論很中聽，但能有幾分實際效果呢？」

「就算沒效果我也毫無損失呀！開口稱讚那司機花不了我幾秒鐘，他也不會少收幾塊錢。如果那人無動於衷，那也無妨，明天我還可以去稱讚另一個計程車司機呀！」

我們活在這個世上，除了基本的生存需要之外，似乎還需要些別的，這可以算是我們的本性。還記得你第一次被別人讚美是什麼時候嗎？還記得那個時候，你是怎樣興奮的無法入睡嗎？還記得那時的美妙感覺嗎？

隨著我們的成長，也許早已經超越了那因為一句讚美，而徹夜不眠的年紀，但是我們聽到讚美時的美好感覺並不能抹去。在潛意識裏，我們都渴望別人的注意，渴望別人的肯定，渴望別人的讚美；相對的，別人也渴望我們的讚美和肯定。

患難見真情。最需要讚美的往往不是那些早已功成名就的人，而是那些因被埋沒而產生自卑感或身處逆境的人。他們平時很難聽到一聲讚美的話語，一旦被人當眾真誠地讚美，便有可能振作精神，大展宏圖。因此，最有實效的讚美不是「錦上添花」，而是「雪中送炭」。

很多年以前的一個寒夜，在弗吉尼亞州北部，一個老人等在渡口準備乘船過河，寒冷的冬季的霜雪已使他的鬍子像上了一層釉，看來他的等待似乎是徒勞的。寒冷的北風把他的身體凍得僵硬了。

突然，沿著冰凍的羊腸小徑上由遠而近傳來了有節奏的馬蹄聲，他懷著焦急的心情，打量著幾個騎馬的人依次從他身邊過去。待最後一個騎士經過他時，老人站在雪中僵直的像一尊雕像，就在將要擦身而過的一瞬間，老人突然看著那人的眼睛說：「先生，您能否讓一個老人和您乘一匹馬共行？您知道，單憑用腳走，人是很難通過這一段路的。」

騎士勒住了自己的馬，回答：「確實是這樣，上來吧！」看見老人根本無法移動他那凍得半僵的身體，騎士跳下馬來幫助老人上了馬，騎士不僅把老人馱過河，而且送他到他要去的地方，那裏有數英哩遠。

當他們走近一座小而舒適的村舍時，騎士的好奇心促使他問道：「老先生，我注意到您讓其他幾個人過去而沒有請求幫助，而當我經過時，您卻請求我幫助，我很好奇這是為什麼？在如此一個寒冷的冬夜，您卻等待在這裏並攔住最後一個人，如果我拒絕您的請求並把您留在那裏，結果會是什麼？」

老人慢慢下了馬，以一種驚奇的目光看著騎士，回答說：「我已經在這裏等了一些時間，我認為我知道誰會有更好的品德。」老人繼續說，「我仔細觀察了那幾位騎士，立即便看出他們沒有關心我的處境，這時候就算是我求他們幫忙也是無濟於事。但是當我仔細看您的眼睛，仁慈和同情之狀是相當明顯的。我知道，當時您的友好態度使我得到了這樣一個機會，使我在最需要的時候能夠得到幫助。」

這些肺腑之心的評價深深地觸動了騎士，「您的評價把我形容得太偉大了。」他告訴老人，「可能我以前在從事自己的事情上過於忙碌，所以我對別人需要安慰和憐憫的幫助太少了。」

說完這些，那名騎士—湯瑪斯・傑弗遜總統調轉馬頭，踏上了通往白宮的路。

讚美別人，彷彿是用一支火把照亮別人的生活，也照亮自己的心田，有助於消除人與人之間的隔閡與怨恨。讚美是一件好事，但絕不是一件易事。

讚美一定要發自內心，情真意切。我們需要的只是真誠的發自內心的讚美，就是要實事求是，不要虛情假意，不要亂給別人戴高帽子。如果你的讚美毫無根據，只是說：「你真是太好啦」或者「我對你的佩服，如滔滔江水連綿不絕」之類的話，恐怕沒有什麼人會認為你真的是對他們充滿了善意吧！所以，一定要讚美事情本身，不要「以人為本」，這樣你的讚美才可以避免尷尬、混淆或者偏袒的情況發生。真誠的讚美不但會使被讚美者產生心理上的愉悅，還可以使你經常發現別人的優點，從而使自己對人生持有樂觀、欣賞的態度。

讚美要合乎時宜，順其自然，必須要懂得適時、適景，需要掌握一定的技巧才能充分發揮讚美的功效，贏得好人緣。否則就會適得其反，引起別人反感。美酒飲到微醉後，好花看到半開時。讚美的效果就在於見機行事、點到為止。話要說得自然，不露痕跡，不要聽起來過於生硬，最好能先做一些鋪墊，至少要搞清楚狀況再發言。

每個人都喜歡讚美。孩子活潑調皮，偶爾異想天開耍一點小聰明，值得讚美；老人和藹慈祥，飽經滄桑慣看人生風雨，值得讚美；同事兢兢業業，一絲不苟為公司創造價值，值得讚美；伴侶毫無怨言，默默付出愛和關懷，值得讚美；朋友真誠熱情，有福同享有難同當，值得讚美；甚至素不相識的陌生人，他們的存在讓你感覺到這條街上充滿生氣，他們的存在讓你感覺到並不孤單，也值得讚美。

朋友們，慷慨的去讚美每一個人吧！當你知道如何讚美一個人的時候，就會由衷地接受和學會人際間的相處，充滿真誠和善意的讚美，你就會給自己營造一個充滿歡樂與和諧的氛圍。每個人，都有值得別人讚美的地方。找到這些值得讚美的人和事，找到存在於他們身上不經意的魅力，然後讚美他們！

二、一分鐘感謝別人

有這樣一位婦人，她辛苦的支撐著一個家庭，卻從未得到家人的任何感激。

有一天晚上，她問她的先生：「彼得，我在想，萬一我有一天死了，你會不會花一筆錢買花向我哀悼，你會嗎？」

「當然會啊！瑪莎，妳幹嘛問這個？」

「我只是在想，其實到那時候，二十塊錢的鮮花對我已經一點意義也沒有了。但是我還活著的時候，有時候只要一朵鮮花，對我卻更有意義。」

瑪莎的感嘆，不也正是你周圍每個人內心深處吶喊的心聲嗎？「有時只要一朵鮮花」，便能帶給別人活下去的希望和喜悅。

你還等什麼呢？你還要等到你的心無法再愛，眼睛永遠無法再睜開，耳朵也永遠聽不到，才肯行動嗎？

生活中，許多人奉行的原則是：「你先滿足我的需要，然後我才滿足你的」；這種方式很少能發揮效果。一個人渴望別人付出感激之情，相對的他也會努力希望獲取別人的接受和贊同。但是在這個過程中，難免會有痛苦、悔恨、甚至變得沒有自信。也許你幾句感激的話或一點感激的行動，都能使一個人活得快樂、自在，你何樂而不為呢？

感謝別人付出的勞動，感謝別人對你的擔心，感謝別人對你的鼓勵、鞭策和讚美等等，都是我們人生中的必修課程。有時只是一句簡單的「謝謝」，有時是給予最真誠的微笑，有時是緊緊握住他的雙手，有時是激動地擁抱自己的親人，表達感謝的方式不同，但其中蘊含的深情卻是一樣。

感謝是對他人的一種肯定，是對他人惠及於你的行為的一種感激，感謝更是一種讚美。生活中有你有我，在需要的時候伸出一雙手，在孤獨的時候敞開胸懷，在失落的時候拍拍肩膀，因為心存感激，懂得感謝，所以一切會變得更加美好。

在一條通往度假村的馬路上，一大群人正圍著一輛高級轎車，個個伸長了脖子往裏張望。轎車旁邊一身名牌西服的男人焦急地對大夥喊：「你們誰幫我爬進車底轉一下螺絲啊？」

原來他的車子油箱出了問題，從渡假村遊玩出來，漏出來的油已經流到了車身外，這裏離最近的加油站也有上百公里，難怪他急得像熱鍋上的螞蟻。

他身旁那打扮妖艷的女子說：「看把你急得什麼樣子，重賞之下，必有勇夫！」於是他趕緊掏出一張百元大鈔：「誰幫我轉緊，這錢就是他的了！」

身旁的年輕人動了一下，卻被他的同伴拉住了：「有錢人的話，信不得的！」這時只見一個小孩走了過去，說：「我來吧。」

操作很簡單，小孩在那人的指揮下一分鐘不到就轉好了，爬出來後他就用期待的眼神看著那人，男人剛想把那百元鈔票遞給小孩，卻被女人呵斥住了：「你還真打算給他一百元啊？給他五元已經夠多了！」

男人從女人手裏接過零錢遞給小孩，小孩搖了搖頭。聽見人群中的唏噓聲，男人又加了五塊，小孩子還是搖頭，男人有些生氣了：「你嫌少？再嫌，這十塊錢也不給你啦。」

「不，我沒有嫌少，我的老師說，幫人是不要報酬的！」

男人愣住了說：「那你怎麼還不走？」

小孩說：「我在等你跟我說聲謝謝！」

幫助與感謝是一種感情的交流行為，它不同於一般的貨款交易。感情是一種值得反覆品味的耐久的特殊事物，不能用一手交貨一手交錢的那種純商業手段處理。不要以為他幫助了你，已經給了報酬就清了，從此毫不相干。對方幫助你，這本身就是一種情的表現，對情的回報，除了物質上的必要饋贈之外，最好還應該用同樣的情來報答。這樣，才能體現出人與人之間的溫暖，才能建立更加密切的人際關係。

在人際交往中有時並不需要做太多事，適時適當的說出一聲「謝謝」，往往就有「四兩撥千斤」的效果，為人際關係提供一個良好的潤滑劑。在人際交往中，需要認真地對他人說一聲「謝謝」的機會是很多的。

感謝他人，還有場合方面的考慮。有些應酬性的感謝可當場表達，不過要顯示認真而莊重的話，最好專程致謝，應在其他人不在場之際表達此意。既讓對方感受到你的誠意，還便於雙方進一步的交流。

感謝別人一定要及時。儘管許多人幫助他人，並不指望著得到回報，但對於被幫助的人來說，一定要及時且主動地表示真誠的感謝。及時，是從時間上說的，積極的表示謝意，證明你自己心中有一把尺衡量人情冷暖；主動，是從態度上說的，表明你時刻不忘受到的幫助，時刻心存感激。及時主動，說明你對他人的幫助是非常重視，也說明你是一個性格爽直、懂得人情的人，這本身就是對別人的尊重。

用一顆感恩的心來看待對方，用一個微笑來感謝別人。學會感謝別人吧！一句謝謝，會讓彼此都更加快樂，更加幸福。

三、一分鐘寬容

也許都市生活的快節奏，讓人們的脾氣越來越急躁；也許現代建築冰冷的風格，讓彼此之間變得更冷漠；也許提倡個性的價值觀讓人們早已忘記，寬容究竟是什麼？

寬容，有時是原諒他人無心犯下的錯誤，有時是不要把自己逼得太緊，有時是對無法避免的事情一笑置之。寬容別人，是對別人的一種尊重、一種接受、一種愛心，更是一種力量。寬容自己，是對心境的培養，是讓自己學會拿得起、放得下，是讓自己懂得生命中究竟什麼值得去珍惜，什麼值得去呵護。快樂就好，生活本無須太多負擔。許多難以預料的事情發生時，就在我們做出反應的一分鐘內，是微笑還是橫眉，是冷眼旁觀還是古道熱腸，往往改變了事態發生的動向，甚至改變一個人的生活的軌跡。

寬容有時是一個擁抱。當朋友剛剛和男友分手，與其絮絮叨叨說那個男人一堆壞話，不如緊緊擁抱一下傷心的朋友，告訴她愛情是需要緣份，告訴她一個人的世界也會充滿快樂，告訴她每天都要開心的生活，總會遇到自己的Mr. Right。

寬容也會是一次鼓勵式的拍拍肩膀。當朋友缺乏勇氣，不敢走上那聚光燈下的演講台，對他燦爛地笑一下，然後用力拍拍他的肩膀，無需什麼言語，因為這本身就是一種信任、一種鼓勵、一種期待。

寬容有時是一個微笑。當餐廳的店員忙得不可開交，一不小心弄錯了你點的午餐，與其暴躁地大吼大叫不停抱怨，不如微笑一下說：「沒關係，我重新點一次。不過請快一點哦，謝謝！」急躁不是解決問題的辦法，與其浪費時間進行無聊的爭吵，弄得不歡而散，不如主動讓一步，畢竟心平氣和的一句話，可以換來自己不生氣、不激動，還有什麼比這更值得的呢？

寬容，也包括寬恕。對於曾經傷害過自己的人，對於曾經為難過自己的人，對於曾經懷疑或者否定過自己的人，與其總是在心頭記下一筆陳年舊帳，不如微微一笑，讓往事隨風而去。也許只是一點誤會，也許只是一時衝動，也許只是淺薄的思維所產生的嫉妒。沒有什麼憎恨與怨仇值得用一生去記憶，我們心靈的空間如此有限，用它盛滿這一生中所有的激動、感恩、快樂和愛與被愛尚且不夠，怎麼捨得讓那些煩惱擠占本屬於我們自己的快樂呢？以一顆寬容之心去原諒、去寬恕、去包容，你會發現，朋友越來越多，路也越來越寬。正像安德魯・馬修斯在《寬容之心》所說的：「一腳踩扁了紫羅蘭，它卻把香味留在那腳跟上，這就是寬恕。」

有位老師發現一位學生上課時經常低著頭在畫畫，有一天他走過去拿起學生的畫，發現畫中的人物正是呲牙咧嘴的自己。老師並沒有生氣，只是笑一笑對學生說，要學生課後再加把勁畫得更傳神一些。而自此那位學生上課時，便認真聽課沒再畫畫，各門功課都學得不錯，後來他成為頗有造詣的漫畫家。

很多人對寬容還是存有誤解，以為閉上眼睛，世間不如意之事都看不見了，眼不見，心不煩，這是一種消極的逃避；但寬容絕不是逃避。懂得寬容的人不僅會寬容生命中遇到的每個人，而且會寬容生活中的每件事，這種寬容不是退縮，不是放棄，而是用平和的心態去面對，從積極的角度來給自己信心。懂得寬容的人是不會輕易去揭過去的傷疤，他們懂得寬容，學會了忘記，享受了寧靜，找到了方向。

忍一時，風平浪靜；退一步，海闊天空。息事寧人往往被鄙夷的叫做好好先生，但寬容絕不是懦弱。對於別人的過失，必要的指責無可厚非，但若能以博大的胸懷去寬容別人，就會讓世間少一些摩擦和衝突，多一些和諧與平靜。彼此都以寬容之心真誠相對，世界就會變得更精彩。

寬容是一種智慧。寬容別人就是善待自己，寬容自己就是善待生命。寬容了別人不但給了他們新的機會，也取得了信任和尊敬，能夠與他人和睦相處。寬容自己，不要把暫時的成敗放在心上，不要因為一時的人生低谷而改變自己努力的方向。因為明白人情冷暖、功名利祿，不過是人生裏毫無重要意義的附屬，就像一棵樹，只有不斷削去旁枝末葉，才能夠專心長成大樹，才能夠成才。寬容，是一種特殊的智慧，它是一種灑脫、一種超然、一種豁達，非淡泊無以明志，非寧靜無以致遠，之所以能夠看開世事紛擾，是因為能看得更高、更遠。一個有著寬容之心的人，即使在烏雲密布的天氣，也會看到陽光燦爛的笑容；即使在漆黑的夜裏，也知道光明將要來到；即使北風凜冽，他的心也是溫暖的。寬容，是一種看不見的幸福。

寬容是一種力量。它使人清醒，使人明智，使人坦然，使人明辨是非。它可以讓人著眼於一生一世，而不是一時一事。寬容使軟弱的人覺得整個世界都是自己的支點，使堅強的人覺得這個世界永遠有溫柔的港灣。沙漠中，寬容就是綠洲；懸崖上，寬容就是繩梯；絕望時，寬容就是希望與力量。

寬容更是一種無價的財富。擁有寬容，就是擁有一顆善良、真誠的心。寬容是一種愛，愛自己、愛家人、愛朋友、愛每一個素不相識的善良的人們，愛我們生活的世界。一生有寬容相伴，你會發現，生活永遠輕鬆，天空永遠蔚藍，陽光永遠燦爛，世界更加美好。

四、給予是一種快樂

馬戲團的售票口處，約翰和他的父親在焦急地等待著，因為來買票的人很多，他們已經等了半個小時了，排了老半天，終於在父子倆和售票口之間只隔著一個家庭。這個家庭很特殊：他們有八個小孩年齡全在十二歲以下，他們身上穿著便宜的衣服，看來雖然沒有什麼錢，但全身乾乾淨淨的，舉止也很得體。排隊時，他們兩個兩個成一排，手牽手跟在父母的身後。他們很興奮地嘰嘰喳喳談論著小丑、大象、獅子等，今晚可能是這些孩子們盼望已久的生活中最快樂的時刻了。

他們的父母神氣地站在最前端，母親挽著父親的手，看著她的丈夫，好像在說：「你真像是個佩戴著光榮勳章的騎士。」而沐浴在驕傲中的他也微笑著，凝視著他的妻子，好像在回答：「沒錯，我就是妳說的那個樣子。」

售票員問這個父親，他要多少張票？他神氣地回答：「請給我八張小孩的兩張大人的，我帶全家來看馬戲團。」

售票員說出了價錢。

這人的妻子轉過頭，把臉垂得低低的。這個父親的嘴唇顫抖了，他傾身向前，再次的問：「妳剛剛說是多少錢？」

售票員又報了一次價錢。

這人的錢顯然不夠。

但他怎能轉身告訴那八個興致勃勃的小孩，他沒有足夠的錢帶他們看馬戲團？

約翰的父親目睹了一切。他悄悄地把手伸進口袋，把一張二十美元的鈔票拿出來，讓它掉在地上(上帝啊，這本來是要買他和孩子兩人戲票的錢！)。他蹲了下來，撿起鈔票，拍拍那人的肩膀，說：「對不起，先生，這是你口袋裏掉出來的！」

這人當然知道原因。他並沒有乞求任何人伸出援手，但深深地感激有人在他絕望、心碎、困窘的時刻幫了忙。他直視著約翰父親的眼睛，用雙手握住這個陌生人的手，把那張二十元的鈔票緊緊壓在中間，他的嘴唇發抖著，淚水忽然滑落他的臉頰，答道：「謝謝，謝謝您，先生，這對我和我的家庭意義重大。」

約翰和父親回頭坐車回家，那晚他們並沒有進去看馬戲團表演，但是也沒有徒勞而返。二十美元是微不足道的，能夠用它買到的不過是一本書、一盒巧克力或者兩張馬戲團表演的門票。可是當約翰的父親把這二十美元給予另一個家庭時，它卻為那個家庭買到了快樂和一家人共用歡樂時光的幸福。

我們不是因為擁有無數的金錢而富有，而是因為把有限的錢分給了許多更需要它的人，所以在他們的眼裏成為了富人。

國王對兩個乞丐說：「我要給你們機會重新做人，但是只有兩種選擇：一個人要整天給予，另一個人要整天得到。你們要做哪種人呢？」

口齒伶俐的乞丐搶著說：「我當然要做得到的人。」

國王微微一笑。他轉過頭來問另一個：「你呢？」

這個人謙恭地答道：「如果能夠，我願意做給予的人。」於是，國王讓那個想得到的繼續做乞丐，因為只有乞丐才天天渴望從別人那裏得到。另一個則得到了國王的饋贈，成為富有的人，只有這樣，他才能天天將自己擁有的給予他人。

宗教義裏宣導：施比受更有福。獲得是一種幸福，給予也是一種幸福，而且是持久的幸福。因為，為「獲得」而快樂，只是一個人獨享的快樂；為「給予」而快樂，則至少是給予者和接受者雙倍的快樂。只知道獲得的人是自私的，因為他們只希望不勞而獲，他們只知道索取，或者只知道等待別人放棄某些東西；懂得給予的人是偉大的，因為他們知道任何財富都不是只屬於一個人的，財富和物質的本性，就是要與人一起分享。

在物質方面，給予就意味著富有。一個人不是因為有很多錢財才算富有，而是他給予人很多才算富有。家財萬貫的吝嗇鬼，不肯給予別人一絲一毫，甚至不肯為自己花一分錢，那麼他與窮光蛋也沒什麼兩樣；但是，如果你只有十塊錢，卻捨得拿出一半給路旁的乞討者，那麼在他的眼裏，你就是個富翁。生怕喪失什麼東西的貯藏者，如果撇開他物質財富的多少不談，從心理學角度來說，他是一個貧窮而崩潰的人。不管是誰，只要他能慷慨地給予，他就是個富有的人。他把自己的一切給予別人，從而體驗到自己生活的意義和樂趣，從給予的行動中得到樂趣和滿足。

人總是希望有所得，以為擁有的東西越多，自己就會越快樂。所以，這人之常情就迫使我們沿著追尋獲得的路走下去。可是，有一天，我們忽然驚覺：我們的憂鬱、困惑、無奈、一切不快樂，都和我們的慾望有關，我們之所以不快樂、不幸福，是我們渴望獲取的慾望太強烈了。何不學會給予呢？給予別人他所需要的東西，你也就能得到更值得珍惜的財富。

既然選擇了給予，就不要因為別人忘恩負義而鬱鬱寡歡；找到快樂的唯一方法，就是施恩勿望報。當你擺脫世俗的物質觀念和斤斤計較的得失衡量，真誠的做一個給予者時，你就能獲得最大的快樂。

五、尋求幫助

有一名意志消沉的人終於鼓起勇氣，前去尋求美國著名成功學家博恩‧崔西的幫助，他因為合夥人的破產而變得一無所有。博恩‧崔西於是要求他站在厚窗簾的前面，並且告訴他：「你將看到這世上，唯一能使你重獲信心並且克服困境的人。」藏在窗簾後面的其實是一面鏡子，因此，當博恩‧崔西將這塊窗簾拉開，出現在經理面前的不是別人，正是他自己。

經理用手摸摸自己長滿鬍鬚的臉孔，對著鏡子裏的人從頭到腳打量了幾分鐘，不禁陷入了沉思，過一會兒便向博恩‧崔西道謝而後離去。

幾個月後，經理再度現身在博恩‧崔西面前，但他已非當時意興闌珊的失意者，而是從頭到腳打扮一新，看起來精神煥發、信心十足的樣子。他告訴博恩‧崔西，「那一天我離開您的辦公室時，還只是一個流浪漢。在您的幫助下，我對著鏡子找到了我自己。現在我找到了一份薪水不錯的工作，我確信自己從前的成功肯定還會降臨。」

正如這個人的經歷一樣，如果我們在生活中能及時得到別人的幫助，高人的指點，我們自己就會少走很多冤枉路，我們也能比較容易的戰勝困難。所以，我們應該不要礙於顏面，必要的時候大膽向別人求助。

人互有短長，你解決不了的問題，對你的朋友、親人或者同事而言，或許就是輕而易舉的；記住，他們是你的資源和力量，在必要的時候，你也需要別人的幫助。

許多人不肯與人合作，請求別人的幫助，是因為他們心底具有強烈的傲氣，認為沒有什麼問題是自己解決不了的，自己是最棒的，遠遠超越了其他人。許多在工作中遭受挫折並不是因為他們缺少完成工作的能力，而是因為他們不懂得與人合作。尤其是那些自認為自己具有出色才華的人，對別人採取不信任的態度，不想與他人合作，認為自己就可以把事情做好。他們眼裏只有自己，他們既不屑於請求別人的幫助，也不願意幫助別人。如果你也處於這樣一種狀態，那麼要提高警惕了！不要總是「凡事自己來」，完全不靠別人幫助的人，是很難取得出色的成就。

人一直以來都有這樣一種心態，那就是人們總是只相信自己，對其他人多多少少總帶著幾分懷疑，任何事情都自己一手處理，即使自己做得不好也覺得心裏面很踏實。看看那些主管不是都這樣，他們又怎麼會淹沒在各種請示，彙報之中呢？你不可能一個人做完所有的事情，你也不可能有全部的能力。即使你有再多的精力和才能，也不可能做到事必躬親，你需要將工作分門別類，有些是自己做的，而另外一些必須和同事們一起來完成。

費雯麗曾被邀參加一場慰勞第二次世界大戰退伍軍人的表演，但她告訴邀請單位自己行程很緊，連幾分鐘也抽不出來；不過假如讓她做一段獨白，然後馬上離開趕赴另一場表演的話，她願意參加。當然，安排表演的負責人欣然同意。

當費雯麗走到台上，有趣的事發生了。她做完了獨白，並沒有立刻離開；因為掌聲越來越響亮，所以她沒有離去。她連續表演了十五、二十、三十分鐘，最後，終於鞠躬下台。後台的人攔住她，問道：「我以為妳只表演幾分鐘呢，為什麼要延長啊，這是怎麼回事？」

費雯麗回答：「我本來打算離開，但我可以讓你明白我為何留下，你自己看看第一排的觀眾便會明白。」

第一排坐著兩個男人，二人均在戰事中失去一隻手。一個人失去左手，另一個則失去右手。他們可以一起鼓掌，而且拍得又開心、又大聲。

人與人之間的合作所產生的能量是很複雜、很微妙的，並不僅僅是簡單的個體加總，人們之間的相互合作往往能夠產生事半功倍的效果。1＋1可以等於任何數字。因此，要想將一項工作出色地完成，你就需要懂得與他人合作。用心對待他人，人注定是一個社會的人，幫助你的人越多，那麼你取得的成功就越大。

在森林裏，烏鴉想吃鹿肉，可是烏鴉顯然不是鹿的對手，於是，牠們就想了個辦法。牠們跟在鹿群的後面，將牠們的糞便銜到空中，一旦發現狼群的蹤跡，就將羊糞一粒粒投下去。狼群聞到鹿糞的氣味之後，就一直跟著鹿糞追尋，很快牠們就獵殺了幾隻鹿，等狼吃飽了，剩下的就成了烏鴉的美食了。

烏鴉真的很聰明，單憑牠們自己的力量是不可能戰勝鹿的。但牠們借助狼的力量，結果也就不一樣了。無論你是公司主管，還是一名推銷員，你要想成為一個優秀的員工，成為一個成功人士，沒有更多優秀人才的幫助是不可能做到的。

但是怎樣才能讓更多的人來幫助我們呢？很多人都覺得這個問題很難，因為他們常常過分的依賴自己的力量和才華，這樣不僅無法獲得幫助，甚至連一些打算幫助他們的人也給嚇跑了。那麼，我們應該如何做呢？

尋求幫助，首先應該真誠，沒有誠意的人是不會得到任何人的信任及幫助的。坦誠地說明你所面臨的困難，所需要的幫助以及你將如何與他人合作共同度過難關；尋求幫助，更重要的是要找正確的人。不能夠助一臂之力或者心有餘而力不足的人，都無法給你提供有效的幫助，反而有可能礙手礙腳增加麻煩；尋求別人幫助，但不要過於勉強別人。我們固然希望自己的請求和希望從不落空，但是幫助和被幫助是涉及雙方面的事情，如果對方不願意或者實在愛莫能助，就不要勉強，再選另一個人來求助也是可以解決問題。

我們都會犯錯，都會迷茫，在孤獨的時候，在無力的時候，坦然的伸出一雙手來尋求別人的幫助吧！

六、助人為樂

在阿肯色州一家極為普通的鄉下小旅館，發生了一件對哈克影響巨大的事情，這件事情成就了哈克一個百萬富翁、青年才俊、旅館業界菁英。原來有一天阿肯色州鄉村下起了滂沱大雨，這雨一直下了一整天，哈克那天恰好在旅館當班，他哼著歌看著眼前的大雨。忽然，前方的鄉村公路上駛來一輛汽車，汽車在旅館前猛地停下，從汽車上走下兩個老人，看起來好像是一對夫婦，這對夫婦蹣跚著走進小旅館。兩個老人家在櫃台前停下，請求哈克給他們準備一間雙人床，對旅館的情況瞭若指掌的哈克馬上就答應了他們，並在他們擦去身上的雨水之後，帶他們來到一間精緻的雙人床看了看房間，兩位老人家很滿意就答應下來。按照旅館的規定，旅客在住宿之前要先在登記台繳費登記，那間雙人床一天需要二十美元，可是當哈克向兩位老人家要取錢時，夫婦倆拿出幾張信用卡要求哈克刷卡，可是旅館並沒有辦理信用卡業務。哈克十分為難地告訴了夫婦倆，兩位老人家看著戶外的大雨，不禁發起愁來。然而，哈克卻熱情地告訴夫婦倆，他們可以先登記，等回去後再來補繳現金。就這樣，兩位老人家在旅館落腳了，且躲過了大雨之災。第二天雨一停，兩位老人家便離開了旅館。

事實上，為了讓兩位老人家躲過大雨，同時不破壞旅館的經營制度，哈克用自己的錢先為夫婦倆墊付了房費。

三天後，還是那兩位老人家親自駕車前來補繳了二十美元的房費，但是兩位老人家並沒有到此結束，他們告訴哈克，他們是香格里拉飯店集團的股東，他們在波士頓有一家香格里拉飯店，這家飯店現在正好缺一名門市經理，他們希望哈克能夠接受他們的邀請，加入香格里拉飯店。三天後，初次來到波士頓的哈克，成為了著名的香格里拉大飯店的門市經理，四年後，他升任為這家飯店的總經理。

很多人幫助別人並不是為了回報，但是往往得到的卻是豐厚的答謝。而那些冷漠的人，是永遠得不到別人的幫助。這就是世界的普遍存在的黃金法則。

無獨有偶，著名的企業家馬克・格雷迪早年因為貧困，在小學畢業之後就開始打工生涯，曾擔任美國俄亥俄州華盛頓市一家大飯店家園套房旅館的夜間核數員。一天晚上，馬克接到一位女士的電話，她的父親正住在家園旅館。她提出一個特別的請求，第二天是父親節，她的女兒想為父親訂一份他最愛吃的早餐：薄煎餅，雞蛋，煙燻肉。

唯一的問題是，家園旅館沒有其他配套的餐廳。所以馬克在早晨七點下班後，驅車到附近的一家餐廳，按要求買了指定的早餐。他又額外買了一張卡片，用一支筆在上面寫道：「來自爸爸的乖女兒。」然後他開車返回旅館，把早餐送到又是驚訝、又是感激的父親手中。

從小我們就接受這樣的教育，要「樂於助人」，這裏的「樂」有兩層含義：其一是快樂，是說幫助別人是一件快樂的事，幫助別人解決難題或者走出困惑，是對別人莫大的援助，既是將快樂重新給予別人，又給自己帶來了快樂；其二是樂意，願意。自願自發的助人為樂是一種難能可貴的品格，助人的過程雖然需要有所付出，但更有收益，所以理性的衡量也要求我們樂意地去幫助別人。

比如，在公車上給行動不便的老人讓個座，在電梯裏幫手裏拿滿東西的鄰居按一下電梯樓層，替忙於工作的同事帶一份午餐……雖然都是再平常不過的日常小事，但換來的一個感激的微笑，一個鼓勵的眼神，能夠給你帶來一天的好心情。而且，我們通常所說的「人緣好」，就是從這些點點滴滴開始的。所以的確應該承認，助人不但使人快樂，更重要的是能夠也給自己帶來快樂！

現代人忙碌得如陀螺打轉，馬不停蹄。又有多少人曾放慢腳步，注意過身旁點滴絲毫的美好呢？我們腦子裏想的全是密密麻麻的行程表，整日為工作煩心，在這種情況下，我們幾乎忘了身旁還有他人的存在，忘記了去關懷別人究竟有什麼需求，需要什麼樣的關注。在人生的旅途上，別忘了駐足片刻，欣賞路邊綻放的玫瑰，別忘了給玫瑰澆一點水。

助人為樂固然要量力而行，如果有人請你幫忙，但你自己做不到的時候，可以想想自己的人脈網路中，是否有人能夠做成此事，然後主動告訴他，你可以找人幫他的忙，將自己的人脈「借」給別人用。不用擔心別人會因此撇下你，侵蝕你的關係網或者搶走你的朋友，因噎廢食是不值得的。大方的和別人分享人脈，你會得到別人的尊重，也能夠使你的人脈網路更牢固。

助人為樂，自古就是中華民族的傳統美德。幫助人的過程，不僅可以開發你應對新問題、新挑戰的經驗，也可以培養你與人同患難、精誠合作的精神；別人的成敗得失可以作為你的鏡子，在幫助他人的過程中，你往往可以吸取對今後發展十分寶貴的經驗和教訓；摒除功利的思想，助人為樂，也是一個淨化靈魂、昇華人格的過程，以別人的快樂為快樂，以幫助別人走出困境為快樂，都是高尚的人士所具有的品質。

當你對世界露出微笑，世界也會對你微笑；當你向別人伸出雙手，別人也會在你危難的時刻伸出援手；當你給失意的人一個擁抱，別人也會在你徬徨迷茫的時候給你點一盞燈、指一條路。真誠的對待生活，真誠的幫助你朋友、親人、素不相識的人，甚至是曾經傷害過你的人吧！樂於助人，人生將因助人而樂。

七、學會分享

有一次，七歲的喬伊想去見見上帝，他知道要到達上帝居住的地方要走很遠的路程，所以他在手提箱裏裝滿了巧克力和六瓶飲料，踏上了旅程。

當他走過了三個街區，他看到一位老太太，她正坐在公園裏全神貫注地盯著鴿子。小男孩在她旁邊坐了下來，打開手提箱，拿出飲料正要喝，這時他注意到老太太看上去很餓，所以他給了她一塊巧克力。她感激的接受了，微笑的望著他，她的笑是那麼完美，男孩想再看一次，因此他又給了她一瓶飲料，他再一次看到了她的微笑，喬伊高興極了。

他們整個下午都坐在那裏，邊吃邊笑著，但是他們從未有一句對話。

這時天黑了，喬伊感到時間也差不多了，他便站起身來離開。但是沒走幾步，他又走回來，走回到老太太身邊，緊緊擁抱著她，而老太太她也給了他最美的一個微笑。

當喬伊沒多久回到家，打開家門走向自己的房間時，他的母親為他臉上洋溢著快樂的笑容而感到好奇。

母親便問他：「今天幹嘛了，你為何這麼高興？」

他回答說：「我與上帝共進午餐了。」但在他母親要做出反應之前，他補充說：「您知道那是什麼嗎？她給予了我未曾見到的最美好的微笑！」

與此同時，老太太也容光煥發的回到她的家。

老太太她的兒子為她臉上洋溢著安詳平和的表情所驚訝。他問說：「媽媽，您今天做什麼了，這麼高興？」

她回答說：「我在公園裏與上帝共同吃了巧克力和飲料。」在她兒子要做出反應之前，她補充說：「你知道，他比我想像中的要年輕得多。」

人與人之間能否和平共處，就看能否分享美好的事物。當你幫助別人之後，別人也會對你心懷感激，即使你在幫助別人的時候，並沒有想從別人那裏得到什麼相對的回報，但是，就是這種無私的幫助，常常能帶給你意想不到的「好處」，同時，你的幫助，在給別人帶來快樂的同時，你自己也會感到前所未有的滿足，難道不是嗎？這就是為什麼那些懂得幫助別人，懂得與人分享的人們，為什麼總是遇見「上帝」、感覺生活在「天堂」中的原因。

分享是一種美德，把自己的東西與別人一起分享，一些零食也好，一次愉快的經歷也好，當你選擇與別人分享，就是把他們放在了你心中重要的位置，想到快樂就會想到他們。

分享是一種需要，誰都不可能擁有世上所有的美好，如果每個人都有一個想法，我把我的告訴你，你把你的告訴我，那麼我們每個人都擁有了兩個想法，同理推知，如果每個人都能夠分享，那麼我們就可以擁有自己原本沒有的東西，讓自己和他人都更加幸福。

分享是一種境界，與廣場的鴿子分享你的麵包，與水池裏的金魚分享你的餅乾，與朋友分享你的快樂、悲傷和成就，還有能夠用來分享的東西，那你的生活才有意義；才會有能與之分享的人，那麼你的四周圍才會有朋友。

人的天性是樂於分享的，新生的嬰兒不就與你分享了自己的微笑和天籟般的呢喃嗎？只是隨著我們慢慢長大，受到了某些不好的影響，受到了太多的傷害，學會了把自私當作是一種自我保護。

自私的人對自己的東西格外「珍惜」，他們覺得只有自己的東西才是來之不易的，要想讓他們付出哪怕是一點點，他們都會覺得難以忍受，他們根本體會不到分享的快樂。別人從自私者的身上得到的只是不愉快的感覺，人們從自私者的身上看到的只有刻薄、吝嗇、卑鄙和無恥，自私是萬惡的根源，不要以為自私就能給自己搞來自利，自私帶給你的只有孤立，這樣的生活充滿悲哀，不是嗎？

那些心胸狹隘的自私鬼，因為自私、貪婪，他們並不懂得分享的美好，他們總在與其他的自私鬼們，為了各自的利益相互爭鬥，越爭鬥越自私，因此走入了一個可悲的循環。自私者總是把自己放在第一的位置，他們不會從對方的角度來考慮問題，更談不上去尊重並重視對方了；讓自己吃虧，別人受益，對他們來說簡直是天方夜譚。在自私者看來，自己的東西永遠屬於自己，要想讓自私者把自己心愛的東西拿出來與他人分享，簡直比登天還難！自私者最擅長於自己的小算盤，他們眼裏看到的只是獲取，付出對他們來說，是一種沉重的負擔。自私者不可能和別人建立親密的關係，自私心只會讓他們成為一個事業失敗者。沒有分享就不可能取得較大的成功，單憑自己一個人的努力是無法創造偉業。你必須懂得分享，和家人、朋友甚至是陌生人共同分享生命中的美好。

在生活中，懂得分享就是把朋友和家人放在自己心中的重要位置上，當你快樂就會在第一時間想到他們，當你取得成績就會在第一時間想到與他們分享，同樣，當他們感受到了自己在你心中所占的重要位置時，也會把你放到同等重要的位置，於是彼此的情感就有了進一步的提升。

在工作上，如果你能做到心胸開闊，學會分享和寬容，與同事同擔苦，共享樂，那麼你們的團隊勢必團結一致，活力四射，不僅在工作上更容易取得更好的成績，就是你自己的生活，也因此而感受到無限的樂趣，否則的話，只能搞得自己身心疲憊，備感挫折，那麼你也就難免會遭受到痛苦的折磨。懂得付出，學會分享，付出並不是你想像的那麼痛苦。付出並不是利益的流失，它能為你贏得的，遠遠超乎你的想像。

學會分享，你的快樂也會帶給別人快樂的感覺，你的幸福也是愛你的人的幸福，你的悲傷會有關心你的人給你安慰和擁抱。我們分享所有的美好，我們分享所有的甜蜜，當快樂從一個人傳遞到兩個人再到四個人再到更多，世界也就快樂了起來。把你的快樂告訴別人，你也將得到別人的快樂。將生命中點滴幸福和快樂與人分享吧！生命因為分享而更加美好。

八、用內在吸引別人

香港九龍有一家商店，生意非常興隆。記者曾經拜訪過這家店的店主，向他討教發達的秘密。

老闆說：「我每月把報紙、雜誌都買回來，規定每個職員在每天早上開工一小時前就來到店裏，一塊閱讀報紙和雜誌，每個人可以選擇自己喜愛的內容，但是必須把自己最感興趣的內容用最簡短的話表述出來，如果有興趣的人比較多，或者是當天熱點，就再當眾詳述，這已經成了店裏員工的必修功課。當顧客來的時候，他們就可以一邊工作一邊把自己看到的新聞和各種有趣的事講給顧客聽，由此博得顧客的歡心，因此留住了很多過路客。」

類似的在義大利羅馬，有一間非常知名的咖啡店，這間店規模不大，但是當你走進去之後，就能看到牆上懸掛著很多名人的照片，甚至還有英國女皇伊莉莎白二世，著名電影導演麥克爾・道格拉斯等等。他們之所以能夠成為這家咖啡店的顧客，一方面是因為這間店獨特的咖啡烹製工藝，另一方面是，每一名店員都能夠非常詳細地講述如何烹製出一杯正宗的上好咖啡，包括如何選料，哪個地方的咖啡豆最適合烹製什麼樣的咖啡，如何磨咖啡豆，煮的時間以及配奶油、牛奶、糖等等，而且還能仔細講出功能表上，列出的各種咖啡的烹製方法、口味，並且告訴你如何品嚐咖啡，讓你充分享受咖啡的濃香與美味，展現紳士或淑女一樣的品味。

拋開商店的經營之道且不論，從這些店員的角度看，正是他們掌握了豐富的知識，能夠在與顧客交往過程中，給予對方所不知道的資訊，讓對方在消費的同時還能感受到了充分的樂趣，因此贏得了顧客的青睞。歸根究底，是這些店員用內在吸引住了顧客。

不論上天賦予你的外貌是美是醜，不管你的衣著是光鮮還是簡樸，內在的魅力才是最大的吸引力。我們當然無法都成為像好萊塢明星那樣的人物，但我們確實可以不斷培養自己內在美，用內在吸引別人。

良好的內在修為必需擺脫私念。這是一種大度的心態，擺脫了對物質利益的孜孜追求，擺脫了個人意志的束縛。

亞科卡就任美國克萊斯勒公司經理時，公司正處於一盤散沙狀態。他認為經營管理人員的全部職責就是動員員工來振興公司。在公司最困難的日子裏，亞科卡主動把自己的年薪由一百萬美元降到一萬美元，這一百萬美元與一萬美元的差距，使亞科卡超乎尋常的犧牲精神在員工面前閃閃發光。榜樣的力量是無窮的，很多員工因此內心非常感動，紛紛也都像亞科卡一樣，不計報酬，團結一致，自動為公司勤奮工作。不到半年，克萊斯勒公司就成為擁有億萬資產的跨國公司。

一個公司處在了困境中，老闆要挺住，下屬也要挺住，只有這樣公司才能走出困境。而當公司處於困境時，老闆尤其要身先士卒做好榜樣，帶給下屬自信與保障。如果老闆自己就先亂了陣腳，手足無措，那可想而知，你的下屬能不打退堂鼓嗎？行為有時比語言更重要，領導的力量很多時候往往不是由語言，而是由行為動作表現出來的，聰明的領導者尤其要如此。

亞科卡主動降薪，是一種榜樣的力量，但更多的員工是為其內在的精神所吸引，他們相信這樣不拘泥於個人私利的領導，一定會帶領公司走出困境。這種榜樣的力量，是源於偉大的無私的靈魂的強烈的吸引力，對於領導者而言，果斷的抉擇、得體的談吐、寬容的態度都是必須的，而這些外在的表現都源於內在的修為。只有在內心深處散發著魅力，才會深深吸引別人，獲得別人的信任和肯定。

良好的修為還需要發現自己的獨特，勇敢的做自己，按自己的思維來行動，按自己的標準來判斷是非，形成自己獨特的個性。

良好的內在修為還需要有充分的自信，相信並盡力發掘自己的潛能。許多人不相信自己擁有豐富的潛能，這種潛能隱藏在我們內心深處，我們常常無法意識到自己所擁有的巨大力量。

人們很久以來都認為，人類不可能在四分鐘的時間內跑完一英哩。這在體育界被稱為「四分鐘障礙」。引用體育評論員們的話來說，就是無法想像有哪一個運動員可以在四分鐘內跑完一英哩。在這樣的理念的支配下，各個時代，哪怕是最偉大的運動員也認為，四分鐘跑完一英哩是超出了人類極限之外的。

不僅如此，生物學家也從人的生理結構上得出結論，認為這已經超過了人類身體和心理的生物極限。這麼一來，似乎每一個人都應該接受四分鐘極限這個「事實」了。可是，就是這麼堅固且持久的理念在羅傑・班尼斯特的身上被打破了。一九五四年五月六日，班尼斯特成功的突破了四分鐘障礙，稱為打破這一理論的「第一人」。當天的那場比賽，直到今天仍然被喻為「神奇的一英哩」。事實遠非如此，羅傑・班尼斯特的記錄僅僅持續了四十六天，之後四分鐘極限被一次又一次的打破。現在，世界上能夠在四分鐘內跑完一英哩的運動員，全世界超過幾百名，其中甚至還包括許多高中生。

發生在體育界這個傳奇的故事，傳遞給我們一個最為重要也是常常被人們忽略的資訊：羅傑・班尼斯特實現這一突破之時，他不過是在釋放人類的潛能，他使得每個人都明白了這麼一個道理──他能夠做到的四分鐘內跑完一英哩，其他人也有可能做到！

良好的修為就是要你首先相信自己也具有巨大的潛能，可以將許多不可能的事情變成可能，實現自己的夢想。當一個人充分發掘了自己的能力，堅持的追求夢想時，就是最有魅力的人。

我們都讀過買櫝還珠的故事，那個愚蠢的買者只看到了盒子外在的美麗，卻沒有看到盒子裏面包含的無價的珍珠。生活中有多少人像那個買主一樣，只用外在來評價他人，以為外在表象的東西能夠完全代表一個人的內心，所以錯過了與深邃偉大的人交流；又有多少人像那個賣主一樣，不知道自己所擁有的是世所稀有的珍寶，徒勞地做著外表上的裝飾。一個人內在的魅力是無窮的，像磁鐵吸引另一端一樣，永遠吸引著能夠發現內在美的人。內在的吸引力是無窮的，也是不可抵抗的，如果想做一個有吸引力的人，那就培養你的內在美吧！

九、幽上一默

幽默是什麼？僅僅是一句引起大家捧腹大笑詼諧的言語嗎？僅僅是一個發人深省的故事嗎？幽默的作用不僅僅是讓人發笑，發笑只是它最膚淺的表現，幽默比笑更有深度，其產生的效果遠勝於咧嘴一笑。

幽默是擺脫尷尬局面的一劑良方。

美國有一位著名的鋼琴家名叫波奇，有一次他在密西根州的福林特城演奏時，發現偌大的會場中觀眾很少，還不到半數。見此情景他很失望，但他很快調整了情緒，恢復了自信，他還是滿面笑容的走到舞台前面，對觀眾說：「你們福林特城的人一定很有錢，我想你們每個人都買了兩個座位的票，真是有錢呀！」話剛落音，全場掌聲雷動，觀眾們紛紛為大師的妙語連珠所打動，為數不少的觀眾立刻對這位鋼琴家產生了好感，聚精會神地開始欣賞他美妙的鋼琴演奏，沒有一個觀眾在半途離場。正是幽默改變了鋼琴家的處境，使他的演出十分成功。

如果主人翁波奇看到觀眾稀少的場面一氣之下出語傷人，甚至一走了之，恐怕事情的結果便是一拍兩散，以這種態度處世，恐怕他也永遠不會成為一名鋼琴家。幽默可以讓你在煩惱、痛苦、憂慮、緊張的情緒中先舒緩一下神經，更全面的分析問題，更理性的處理問題。這種幽默更像是自我解嘲，在對話、演講等場合，有時會遇到一些尷尬的處境，這時如果用幾句幽默的語言來自我解嘲，就能在輕鬆愉快的笑聲中緩解緊張尷尬的氣氛，從而使自己走出困境。一位心理學家曾說過：「幽默是一種最有趣、最有感染力、最具有普遍意義的傳遞藝術。」幽默的語言，能使氣氛從劍拔弩張的狀態變得更輕鬆、融洽。人們往往會有這樣的體會，疲勞的旅途上，焦急的等待時，彼此都不理解的場面中，一句幽默的話，一個風趣的故事，會使人笑逐顏開，於是讓事態朝著更好的方向發展。

幽默是避免尖銳衝突的從容和睿智。

我們都得無奈的認識到，世界上畢竟不全都是善良的人。我們的所做所為，也許在一時之間不會讓大多數人所理解，甚至會暫時遭到質疑、誹謗和封殺，當面對這種尖銳的場合時，面紅耳赤的爭辯和寸步不讓的吵鬧，往往會使事情越弄越僵，導致大家不歡而散，甚至結怨終生。而幽默正是化解人類矛盾的調和劑，它是一種藝術，以一種愉快的方式調整人際關係；幽默是人際關係的潤滑劑，它以善意的微笑代替抱怨，避免爭吵，使你與他人的關係變得更有意義；幽默也是活躍和豐富人類生活的興奮劑，是一種高雅的精神活動和絕美的行為方式；幽默是一種力量，一種可以減輕壓力，緩和人際關係，擺脫逆境的力量；幽默是對無知者的嘲弄，也是對反對者的輕蔑；幽默是一切奮發向上者所必不可少的力量。

幽默是保護自身不受傷害的武器。

有一位畢業於名校的著名律師當選為州議員，有一次他為了調查一個案子的真實背景，就穿了鄉下人服裝到某處去，結果卻不巧被一群紳士和淑女看到了，這群人本來就對他的工作能力很懷疑，也對他頗有微詞，於是看見他穿得這麼破破爛爛，就想藉機戲弄他。律師並沒有生氣，只是平靜地對他們說：「女士們，先生們，請允許我祝願你們愉快和健康。在這文明的時代裏，難道你們不可以變得更有教養、更聰明些嗎？你們僅從我的衣著看我，不免看錯了人；

而我僅僅從你們華麗的衣服和貴重的裝飾上看，還以為你們是紳士和淑女，看來，我們都錯了。」

被人貶低和蔑視是一種痛苦的感受，許多人不甘心隱忍吞聲、默默嚥下苦果，結果就像獨木橋上互不相讓的山羊一樣，相互攻擊，反而使彼此都受到了更大的傷害。在心理防禦機制中，幽默是一種更高級的防禦方式。以幽默的語言還擊，就像是平地起驚雷，以優雅的方式去蔑視那些淺顯、庸俗的人。幽默是保護自己和化解痛苦的一種方法，當你遭受痛苦的時候，用幽默的方式去理解痛苦，你會得到更多正面的解釋，更容易瞭解痛苦的合理性，從而降低痛苦對你的負面影響。

聰明的人懂得幽默，善良的人樂於幽默，而幽默的人，才是善待生活的智者。

第五章

創造財富，快樂生活

在我們的一生中，有一個問題會長久地困擾著我們：我們成為現在這個樣子，是我們自己努力的結果，還是命運的安排？對這個問題的不同回答，會產生截然不同的兩種生活方式，一種是奮發努力，一種是聽天由命。有錢人選擇的是前者，他們相信可以創造自己的生活，深信自己生下來不是要做窮人，而是要做有錢人，他們有強烈的賺錢意識，會想盡一切辦法使自己致富。而大多平民百姓還是會安於現狀，認為自己不能決定自己的命運，將自己的生活軌跡歸結為命運的安排。他們很少想到如何去賺錢和如何才能賺到錢，認為自己一輩子就該這樣，不相信會有什麼改變。

一、堅信自己創造生活

猶太民族是一個智慧的民族，猶太人被稱為世界第一商人，他們認為，對待事情的心態不同，結果也會不一樣。在猶太教典《塔木德》上，記載著這樣一個故事：

有三隻青蛙掉進了鮮奶桶中，第一隻青蛙說：「這是神的意思。」於是，牠盤起後腿，一動也不動，靜靜地等待著。第二隻青蛙說：「這桶太深，沒有希望出去了。」於是，牠在絕望中慢慢死去。第三隻青蛙說：「儘管掉到鮮奶桶裏，但我的後腿還能動。」於是，牠奮力的往上跳起來。牠一邊在鮮奶裏划，一邊跳，慢慢的，牠覺得自己的後腿碰到了硬硬的東西，原來是鮮奶在青蛙後腿的攪拌下，漸漸地變成奶油了。憑著奶油的支撐，第三隻青蛙跳出了鮮奶桶。

如果可以類比的話，那麼上面這個寓言中的第三隻青蛙不能確切說是代表有錢人，起碼代表的是一個有頭腦的人。而前面兩隻青蛙代表的則是，那種被動、悲觀地接受命運安排的倒楣鬼。

縱觀猶太人顛沛流離的歷史，到處都彌漫著這種樂觀的精神。可以說，猶太民族就是因為有了這種樂觀的精神，心中充滿希望，他們才能生存下來。對於猶太人來說，勇氣和希望是深深地埋藏在他們心底，任何人都無法奪去。所以，他們一直樂觀向上，縱使在世間最罕見的苦難中也堅信：命運是掌握在自己手中。

人們常常將有錢人的成功歸因於聰明和勤奮。聰明好像是一部車的四個輪子，靈敏、結實、品質很好，車要跑得快、跑得遠，離不開這樣的輪子，通常所說的聰明才智，就屬於這個範疇。但光有好輪子顯然不夠，一部好車最重要的是引擎，沒有引擎就沒有動力，再精美的汽車都只是擺設，對於人來說，引擎相當於激情、毅力，它使人產生創造的慾望，產生工作的積極性和持久性。然而，這還是不夠的，如果沒有方向盤和剎車、油門，車跑得越快就毀滅得越慘。對於人來說，這些控制著人生的方向和方式的因素，就是理性和積極的信念。

窮人總是漫不經心地建造自己的生活，不是積極行動，而是消極應付，凡事不肯精益求精，在關鍵時刻不能盡最大的努力，遇到挫折就退縮。等驚覺自己的處境時，早已困在自己建造的「房子」裏了。他們不明白，自己的生活是自己一生唯一的創造，不能推倒重建，即使只有一天可活，那一天也要活的實實在在。要時時記住這樣一句話：「生活是自己創造的。」其實財富同樣是自己創造。

既然信念對於成為有錢人的目標是如此重要，我們必須現在就拋棄自己的消極的信念，換之以積極的信念，具體的說，有四個因素是我們必須要考慮的：

第一，要注意你所在的環境。監禁生活是最可怕的，如果你看到的盡是失敗，盡是絕望，要想在內心形成追求成功的意念，實在是難如登天。如果你生長在一個富裕且成功的環境，你很容易去模仿富裕和成功；如果你生長在貧窮和絕望，你大半的模仿可能是貧窮和絕望。

第二，要注意那些對培養積極信念有幫助的事件。在每個人的生命裏，必然會發生一些永難磨滅的事件。許多經驗使我們永銘心內，難以忘懷。它們會影響我們的信念，改變我們的人生。

第三，要透過獲取知識來幫助你產生積極的信念。知識是產生積極信念的最佳催化劑，不論你的環境是何等的艱難，如果你讀了別人的事跡，你便能產生信念，助你成功。黑人政治學家喀爾文博士曾指出，當他還是個青少年時，美國棒球聯盟第一位黑人球員羅賓森對他一生的影響。他說：「從他那裏，我得到鼓舞，他的事跡提升了我的眼界。」

第四，要從我們過去的成功經驗中學得信念。要相信自己可以，最有效的方法就是實際去做一次，如果你那次成功，就很容易建立會再成功的信念。

此外，經常對自己重複下面的話，對於你建立積極信念也是很有幫助的：

我是很積極樂觀的。

我相信自己，相信自己的能力。

我對生存下去的目的和理想有著明確的定義。

我會朝著樂觀面去想，我能達成我的目的。

我重視注重事件的積極樂觀面。

我有信心也有勇氣。

我的心靈完全為我所有，我能夠控制我的情緒、直覺以及身體。

我凡事都會馬上去做，並抱者現在就做的心情。

我對我的成功有一個計畫。

成功學專家拿破崙・希爾說：**「人與人之間其實只有很小的差異，但是這種差異卻造成了巨大的差別！這種差異就是所具備的心態是積極的還是消極的，巨大的差別就是成功和失敗。」**積極的心態能使人看到希望，激發自身的潛能，有助於克服困難，保持進取的旺盛鬥志。而消極的心態則使人沮喪、抱怨、失望，自我封閉，限制和扼殺自己的創造力。

一定要自己去創造自己的生活，而不是聽天由命，相信命運的安排，這看似一個淺顯的道理，卻未必人人都能想得通，所以這個世界上還有那麼多的窮人。最後我想送給那些還沉浸在命運的安排中的窮人們一句話：

人生的戰場上，勝者不一定都是強者，但是勝利最終屬於那些持有積極信念的人。

二、鎖定勝利，敢於冒險

記得我在大學上心理學的時候，老師曾經在學生中做過一個試驗，他讓學生在兩種情況下選擇其中一種：一種選擇是可以得到一萬元現金，另一種是用這一萬元去買股票，這樣可能會得到更多的錢，但是也可能會一文不值，連原來的一萬元也得不到。當時大多數同學都選擇了前者，他們認為拿已經到手的一萬元去購買有可能一文不值的股票，實在是太冒險了。要知道，一萬元在當時可是一個不小的數目。選擇用一萬元去買股票的同學寥寥無幾，其中就有我。一萬元當然可以實現很多的願望，滿足很多需要，這一點我和其他人一樣明白。但是我想得到更多的東西，而不是僅僅守住這一萬元，或者把它們放進銀行裏以獲取利息。用錢來買股票，當然會有風險，但是如果四平八穩就可以財源廣進，那這個世界上就沒有貧富差距了。

沒錯，人人都可以成為有錢人，但並不是說你坐在那裏，拿著薪資，不擔任何風險，就可以進入有錢人的行列。在一場遊戲中，如果你給自己定下的目標是不輸，那麼你最好的結局就是不輸，而不可能是大贏。要想成為有錢人，你必須有一點冒險精神！

在我接觸過的人當中，有身價過億的有錢人，也有一文不名的普通人，他們最大的區別恐怕就在於：有錢人願意為了實現自己的理想，而去冒各種的風險；相反的，那些人寧願餓著肚子，也不願去冒哪怕是一丁點的風險。

容易獲得成功的人對於冒險的狂熱，實際上是因為他們對此獲得的回報有一個很大的預期，這也是他們之所以冒險的最重要動力。很多人在事業有了一定成就時就會有很多顧慮，比如家庭以及已經取得的成就等等。這樣的人對冒險獲得的巨大回報，是不會有太大的興趣。但勇於冒險的人不是這樣，他們對賺錢的熱情和期望遠遠大於一般人，他們喜歡下賭注，而且一定要賭成功，對巨大回報的狂熱期待是他們的生命特質。

這種人的冒險並不是盲目的追求刺激，而是建立在正確評估之上的冒險。雖然他們也很想贏，但是他們會有預先的策劃與考慮，而不是想冒險了就去冒險，和平常人不同的是，他們更具備膽量和膽識。一個不能也不會冒險的人，即使具備了所有的優勢，但是如果他膽量和膽識並不過人，那他也做不了這些事情。我們都應該聽過金融大師索羅斯的故事，他能從一名普通的金融業者成為令人羨慕又膽寒的金融大鱷，憑的就是他敢於冒險、善於冒險的精神。

一九四四年，隨著納粹對布達佩斯的侵略，索羅斯的幸福童年宣告結束，跟隨全家開始了逃亡生涯。那是一段充滿危險和痛苦的歲月，靠著父親的精明和堅強，憑藉假身份證和好心人提供的庇護，他們一家人終於躲過了那場劫難。後來索羅斯說，一九四四年是他生活中最快樂的一段時光，他從生死危難中學會了生存的技巧，這其中的兩條經驗對他此後的投資生涯很有幫助，第一是不要害怕冒險，第二是冒險時不要押上全部家當。五〇年代，帶著五千美元，索羅斯來到了紐約，在朋友的介紹下，成了一名專事黃金和股票的套利商。雖然在後來，套利已成為最火爆的金融賭博形式之一，但是，在幾十年之前，它卻是非常蕭條的。沒有人願意投入大額股份，以期從公司的接收股中盈利幾百萬美元。在生活很單調的五〇年代，像索羅斯這樣的生意人，只能透過小心翼翼的研究，利用同一種股票在不同市場的微小差價，透過低價買進高價賣出來盈利。不過那時，歐洲人只和歐洲人打交道，美洲人只和美洲人接觸。這種地方觀念使索羅斯有利可圖，使得他在歐洲證券方面大有作為。

一九六〇年，索羅斯第一次對外國金融市場進行了成功的試驗。透過調查，索羅斯發現，由於安聯公司的股票和不動產業務上漲，其股票售價與資產價值相比大打折扣，於是他建議人們購買安聯公司的股票。摩根擔保公司和德雷福斯購買了大量的安聯公司的股份。但其他人並不相信，事實上，索羅斯是對的，安聯股票的價值翻了三倍，因此索羅斯名聲大振。

敢冒風險、勇於拚搏需要那種闖蕩天下、四海為家的開拓勇氣。到外地去尋找生存空間，勇敢的「走出去」，在風起雲湧、市場經濟一日千里的今天，我們現代人應該向這些創業型的商人學習，不保守自封，不畫地為牢，勇於嘗試、大膽創業，並勇敢的走出去「闖蕩世界」，在「闖蕩」中開闢一片新天地，這也是對我們二十一世紀的人類最大的忠告。

三、堅定不移地行動

心中有一個賺錢的好主意，就需要馬上將其轉化為實際的行動，這就是所謂更容易獲得成功的人們的做法。他們很清楚自己需要做什麼，應當怎樣去做，在這個過程中，他們始終充滿熱情、堅定不移地朝著既定目標前進。我的一位企業界的朋友曾向我講起他是如何開始自己的事業的：

有一天晚上，我想到賣巧克力餅乾是個不錯的主意。正好我和一個朋友在一起，我們當時就決定要開個店，專門賣巧克力餅乾。但是下一步該怎麼做呢？在那以前我沒開過零售店的經歷。但我們已經決定要將這個主意轉化為實現。

第二天，我來到辦公室，請我的工作人員打電話給當地衛生部門，問一下開一家巧克力餅乾專賣店需要具備哪些條件。因為我知道，既然是食品就應該歸衛生部門管。也就是說，即使你對如何實現你的想法還沒有清楚的概念，你也必須採取行動，你不能只坐在那裏，抱著個想法不動彈，這樣想法始終只是想法，永遠無法轉化成為實現。

現在，我的這位朋友已經成功地經營著二十幾家巧克力餅乾的連鎖店。

事實上就是這樣，渴望並且努力去創造財富的人，他們的想法充滿熱情，並且能夠迅速行動起來，從某個地方做起，把自己的想法付諸實施。

傑克・坎菲爾德曾經透過一個現場演示。他拿出一張面額一百元的美鈔，然後對他的觀眾說：「這裏有一百元，誰想得到它？」

屋子裏所有的人都舉起了手，但並沒有人採取行動。傑克・坎菲爾德又問了一句：「有誰真的想得到這一百元？」

過了一兩分鐘，有人從座位上站了起來，走上前，等著傑克・坎菲爾德把這一百元遞到他手上，但傑克・坎菲爾德沒有動。最後終於有一個人走過來，從他手裏拿走了一百元。傑克・坎菲爾德對觀眾說：「這個人剛才的所作所為和其他人有什麼不同嗎？唯一的區別在於，他離開了座位，採取了行動。」

許多人都知道如何對自己給予充分的肯定，如何確定目標，如何展開聯想。所有這些都是非常重要的，都能發揮巨大的作用。可是，任何一個出色的計畫，一旦沒有行動，就是一紙空談。即便計畫很糟糕，只要你採取了行動，你也還是能夠向前邁進一步。當然，面對你眼前發生的一切，你需要主動的給予回應。儘管你採取應對措施時，依據的行動計畫很糟糕，你也能再進一步。而不採取行動，再完美的計畫也無濟於事。一分耕耘，一分收穫。光想不做，一無所獲。所以，有錢人與普通人不同的是，他們總是要去做點什麼。他們認為成功是結果而不是意圖，是行動而不是幻想。

行動是習慣，拖沓也是習慣，這種習慣與能力無關。有些人能力很強，但就是因為有拖沓的習慣，使自己一事無成，職業生涯規劃不能實現。所以，這個習慣必須引起重視。如果你有這個問題，就應該有意識的訓練自己，用好習慣取代拖沓的習慣。每當自己發現有拖沓的傾向時，靜下心來想一想，你的目標是什麼？在此時間內應該完成什麼任務？如果今天不做，明天會出現什麼問題？考慮完這些問題後，定出一個最後期限，自我約束，漸漸地就會養成好的習慣。

如果沒有行動，計畫就毫無價值，目標也就失去了意義。苦思冥想，謀劃如何有所成就，是不能代替實際行動的，沒有行動的人，只是紙上談兵，成不了大業。

請大家記住歌德的一句名言：**「僅有知識是不夠的，我們必須應用；僅有願望也是不夠的，我們必須行動。」**也就是說，僅有思考，理想不會變成現實；僅有期待，美夢不會成真；僅有幻想，目標也只能是泡影；只有付諸行動，一切才會真實而明確地展現在你的眼前。

四、人脈奠定財富

我們處在一個日益變化和迅速發展的時代，很多東西對於我們來說都是稍縱即逝。那麼，我們如何把握好機遇，使自己能夠如願的擁有夢想和財富呢？有專家指出：現代社會的發展已經顯示，在技術、資金、人力資源這三個生產力要素中，人力資源的重要性越來越凸顯出來。一個人要想聚財，就先要聚人；有了人氣，才會有財氣。

第一時間裏我想到了美國西雅圖著名的咖啡店的故事。這家名叫艾爾・愛斯普萊索的咖啡店，在西雅圖曾經風靡一時。作為咖啡店，它的經營者並沒有在自己取得了商業上的初步成功以後，就尋求擴大規模搞連鎖經營，而是刻意保持小規模，在有限的利潤中，把自己的服務做得更好和更加人性化。常常能看到這樣令人鼓舞的情景：顧客們排著長隊，甚至是在雨中撐著雨傘，就是為了購買一杯他們精心為顧客調製的咖啡。咖啡店的員工能夠叫出每一位顧客的名字，當每一位顧客排到隊首時，他們甚至不用說一句「老規矩」，服務員就已經把顧客需要的都準備好了。如此細心、周到的服務，在一定程度上模糊了服務顧客與經營企業的界限，自然激起了顧客狂熱的忠誠，因此西雅圖的這家咖啡店的生意始終興隆。

這家咖啡店成功的秘密在於：尊重顧客、相信員工、圍繞產品創造激情，贏得誠實的利潤。而這些歸結為一點，就是：一家企業必須聚集起自己的人脈資源。無論是顧客也好，員工也好，他們都會被產品的激情所點燃，都願意以自己的激情和創造力去贏得更廣泛的人群，而廣泛的人群和傳播，就為贏得成功與財富的最大化。

現代社會，建立人脈遠遠不是過去所謂的「拉關係」那麼粗俗簡單，它包含很多層面的深化，需要用心經營。

有人也許說：「經常吃飯喝酒的那是酒肉朋友，不見得真心。」但發展人脈的出發點就是先「跑量」，再從中精選可重點發展的對象，而走好第一步，慷慨對人，讓人感受你的大氣是必須的。

「他人有心，予忖度之。」這是《孟子・齊桓晉文之事》裏的名言，它其實也道破了讓朋友欣賞你的不二法門。

美國哈佛大學人際學教授約翰・杜威曾說：「人類本質中最殷切的需求是渴望被肯定。」此話誠不謬。即使你是一個很慷慨的人，天天請朋友吃飯，但總抱著驕傲自大的心態，別人說句什麼就要反駁，估計你的朋友數量不會很多。

當然，我們不是提倡言不由衷亂敷衍朋友，而是要學會「放低姿態、放軟身段」，學會仔細傾聽別人說的話，更學習「忖度他人之心」，理解朋友這樣說的原因和立場，盡量體諒他們，這樣既能學習他們的優點，也能讓朋友感到自己被尊重和理解。

總之，要增廣人脈，不僅要物質上的努力，更多的是注重將心比心。也許你沒有一個顯赫的家庭背景，沒有可減少奮鬥二十年的終身伴侶，但懂得人情學，一樣可以得到貴人相助、獲得多方助力。但是千萬不要懷著一份過於勢利的短淺眼光經營人脈，別人現在富貴，出金入銀，就一副小人嘴臉伺候著，別人現在是個潦倒的小人物就忽視、輕視、鄙視之。

歷史小說家高陽筆下的《紅頂商人》胡雪巖，其高超的交際手腕總讓讀者大為嘆服，對胡雪巖有深入研究的學者曾仕強分析，胡雪巖的過人之處是：「對事情看的透，眼光夠遠，從不會輕忽小人物」。

人脈是一個人想要走向成功的必備條件，俗話說得好：一個好漢還要三個幫。依靠個人的英雄主義獲得成功，在今天的社會幾乎是不可能的。我們已經告別了單打獨鬥的時代，我們需要的是一個聚集人氣的高效的團隊。這正如著名的石油大王洛克菲勒所說：「我願意付出比天底下得到其他本領更大的代價，來獲得與人相處的本領。」那麼就讓我們向人脈資源大師學習，透過自己的努力，建立並擁有自己的人脈資源體系。

「好風憑藉力，送我上青雲」，我們一定要記得這句話。

五、做個投資者

有很多人認為，讀書的時候經濟上不能自立是因為沒有一份穩定的收入，難以應付各種開銷，只好向家裏求助。他們以為等自己工作以後，就可以自己賺錢養活自己。工作對大多數人而言是經濟自立的標誌。工作之後每個月的收入一般會比每個月的生活費高，因此，人們往往認為在維持自己生活的同時也可以存下一筆錢。

但是，根據我的觀察，工作之後，很多的人消費大手大腳，甚至超前消費。擁有存款的很少，即使有這筆存款，也根本不能應付目前的生活。因為，很多人還要買房子。工作十年所累積下來的錢也不能支付一間兩房一廳的房子。所以往往還要求助於父母，由此看來，大多數人並沒有在經濟上實現自立。

因此，如果僅僅只是關注自己的收入，並不能保證我們成為真正意義上的有錢人。會賺錢的人往往是個聰明的投資者，他們習慣於用投資者的眼光來看待問題，他們始終將關注的重點放在如何增加自己的資產淨值上面，因此他們透過投資來達到這一目的。而相反的一部份人則習慣於消費者的角色，他們總是在考慮怎樣花錢的問題，這主要表現在超前消費、透支信用卡、購買不需要的奢侈品上面。為了維持一定數額的消費，他們不得不努力的增加他們的工作收入，所以他們更關注自己的工作收入。

投資者的思考方式和消費者的思考方式是不一樣的，投資者經常考慮的問題是：「我怎樣才能從我要花的錢中賺到更多的錢，以便增加自己的資產。」而消費者則常常考慮這樣的問題：「這東西能花我多少錢，我買得起這東西嗎？」具體到一件事情上，得知自己居住地將要建一條高速公路，投資者會想：我怎樣才能投資這條高速公路，成為股東？而消費者首先想到的問題則是：透過這條高速公路需要花掉我多少錢？

我們不妨考察一下這樣一個家庭：一對結婚二十年的中年夫婦，每年的家庭收入在七萬美元左右，他們還有兩個孩子。為了辦理兩個孩子上大學的貸款，他們需要評估一下自己的淨資產。他們開列了一下家庭的財產清單：一間房子、一部汽車、一份人壽保險、家具、電器設備等等。透過這種最簡易的核算辦法，他們在財務狀況表的資產一欄裏寫下了二十萬美元。

但是，接下來的工作卻令他們相當沮喪的是：他們的債務同樣的多。為了買房子，他們向銀行申請了分期付款，汽車也是透過分期付款的方式購買的。也就是說，這兩樣財產還沒有完全歸於他們名下，因為超前消費，他們沒有剩餘的錢用來買股票和債券。而且他們的信用卡上面還有幾萬美元的債務。這樣算下來，他們的淨資產並沒有想像的那麼多—只有幾萬美元。

這令他們覺得不可思議。因為他們兩個人都是辛勤工作的人，賺的錢也不算少，粗略一算，在過去二十年裏至少賺了一百四十萬美元。但現在他們卻沒有足夠的錢用來作為銀行貸款的擔保。

這對夫婦的問題是在他們從來沒有把自己當作投資者，而只是以消費者的身分生活了二十年。他們的錢都被花掉了，而不是用來投資增值。

這就是不懂得投資的想法：關注自己的收入就足夠了。只要透過努力工作賺足夠多的錢，就可以實現經濟上的自立，過上有錢人的生活。但是，如果眼光再放得長遠一些，難道一個人只能夠工作一輩子嗎？

大多數人沒錢的最主要原因，並不在於不懂投資，而是在於花得比賺得多。善於理財的人知道，現在所花的每一分錢，並不僅僅是一分錢，而是花了這一分錢所能給你帶來的「錢子」、「錢孫」，也就是它未來所能給你帶來的所有投資收益。因此，他們一定不會亂花錢，而是把錢盡量的累積起來，用於投資。

還有一些人對股票投資並不懂，但一聽說某某人做股票賺了多少錢，就馬上也跟進去做股票。而另一些人說起投資來頭頭是道，但對於自己講些什麼，其實並不是真正清楚，這些人投資理財的結果當然不會好。而善於投資理財的人，對於自己不明白的事情絕不會做。這樣儘管可能會錯失一些賺錢機會，但卻很少會犯錯誤。而對投資理財來說，只有先不虧錢，才談得上賺錢。

一位職業運動員在不到三十歲時就賺了幾百萬美元，但到了三十四歲卻露宿街頭。另一位籃球運動員，一年以前他還擁有幾百萬美元，但現在，他只能在一個洗車場做著拿最低報酬的工作。因為拒絕在洗車時摘下冠軍戒指，很快又被洗車場解雇了，據說那枚戒指是他唯一值錢的東西，如果把它弄丟了，他就會一無所有。這些人曾經是高收入者，但是最終卻只能過著貧困的生活。

為了實現做有錢人的想法，你必須首先使自己停止像消費者那樣思考問題，換之以投資者的思考方式。在花錢的時候，都要經常提醒自己：「花掉這些錢能給我帶來收益嗎？」如果能的話，就尋找那種能給你帶來最大收益的方式來花錢。要知道，並不是所有的投資都能給你帶來同樣的收益。將錢放到銀行裏進行儲蓄，雖然風險很小，但是收益也同樣低。其次是到證券市場上去買賣債券和股票，這樣會有一定的風險，但是收益也很誘人。或者如果你有足夠的才華，不妨與幾個人合夥開公司，這樣你的收益將更多地體現出你的才華。總之，你要量力而行，即使知道了要向投資者一樣思考問題，不切實際的行動也會讓你損失慘重。

如果關注資產淨值，你就會想方設法去透過投資來增加淨值，如果認為高收入必然讓你成為有錢人，你就不會把錢拿來投資以增加資產的淨值，在想方設法多賺錢的同時，你只會把賺來的錢用來消費。所以，有錢人是投資者，而習慣做消費者的人往往是囊中羞澀的。如果你還沒有累積足夠的財富，很重要的原因在於你不是一個投資者，而是一個消費者。

作一個投資者的好處在於，你會變得越來越有錢，因為你不斷透過投資收穫新的效益，如果你願意的話，新的收益又會被用來投資而產生更新的收益，隨著投資的累積資產會越來越多，相對的收入也就越來越多，因此形成良性循環。

六、讓金錢為你工作

你究竟想過怎樣的生活？為了這夢想，你現在應該做些什麼呢？有個簡單的道理，很多人不明白，要想過與眾不同的生活，就得做與眾不同的事。

仔細想想，你會發現世界上其實只有三種賺錢的途徑：

第一個選擇，你可以去工作，受雇於他人。

第二個選擇，把賺的錢投資出去，以便賺更多的錢。

第三個選擇，建立你自己的生意。

在傳統上，這些選擇各有利弊。

我喜歡分析兩種收入：臨時收入和永久收入。

臨時收入是你一定要出現在某種場合才能得到的收入。

我一直記得一個笑話。某人擁有一個非常成功的企業，對員工不錯，員工對他也很忠誠。有一天，他意識到機器可以代替大多數員工，還能大幅度提高工作效率，於是就把忠誠的員工叫到辦公室說：「你們多年來忠心耿耿，現在公司不再需要你們了，但你們仍然會有薪資，你們要做的事情就是每星期五來領薪資，還有什麼問題嗎？」

一個站在後排的年輕人問：「要是星期五來不了，要請假嗎？」

我不知你是不是在這樣的場合工作？這種雇用心態在今天的商業機構中相當普遍。

多年以來，人們形成一種心態：認為別人欠他的生活費、欠他的真誠、欠他的未來。我不喜歡那些整天抱怨公司如何壞、如何解雇員工、未來如何不可預測的人。因為這些本來就是現代生意的本質，這是世界的真實面目。

每個人都說自己忙，忙是因為有要緊事要處理，大大小小的事情似乎永遠都處理不完，而你必須優先處理更重要的事情。工作是剝奪人們時間最常見的因素。大多數的人希望每週工作四天而不是五天，但他們的收入還是永遠不夠。很多人感覺到時間的壓力，因為他們把時間用在了追求金錢上。如果你用時間來換錢，你就要花掉所有的時間；如果你花掉所有的時間，你就會完蛋。

據分析，人們的工作可以按照運作的模式劃分為四種不同的形態，按照這四種形態，每一個人在目前的工作崗位上，都是不同的角色。這四種形態的第一種是E—雇員，第二種是S—自雇工作者，第三種是B—企業家，第四種是I—投資者。

讓金錢為你工作，是取得永久收入的重要手段。你可以用金錢構建一個系統，也可以直接投資在股票、不動產、基金上等等。

有錢人透過讓金錢為他工作，獲取了超出你想像的收益。我可以用一個詞來回答人之價值的問題—槓桿。你知道，當一個典型的工人用時間換錢時，他的收入只會以線性方式增長。一個單位的時間相當於一個單位的錢。這個工人百分之百的靠個人努力賺錢。

企業家透過雇員來槓桿他的時間和才華，他從每一位雇員身上賺一定比例的收入，因為他正在組織員工們為社會做貢獻。這就是J・保羅蓋蒂所表達的意思：「我寧願賺一百個人的一%，而不賺自己的一〇〇%。」所以槓桿如此有威力。假如你組織了一億人，從每個人身上賺一元，這收入少嗎？

下面比較了一萬元的線性增長和倍數增長（以每年一〇%的速度，每七點二年增長一倍）。

	線性增長 **（簡單相加概念）**	倍數增長 **（倍增概念）**
投資額	：一萬元	一萬元
七年後	：一萬＋一萬＝二萬	二萬
十四年後	：二萬＋一萬＝三萬	四萬
二十一年後	：三萬＋一萬＝四萬	八萬
二十八年後	：四萬＋一萬＝五萬	十六萬
三十五年後	：五萬＋一萬＝六萬	三十二萬
四十五年後	：六萬＋一萬＝七萬	六十四萬
四十九年後	：七萬＋一萬＝八萬	一百二十八萬

以上是倍數增長威力的生動描述，也指出了線性增長的嚴重限制。開始幾年的增長，兩者

差不多，但因為倍數增長是以幾何級數增加的，投資的增加變得越來越有爆炸性，最後的總數說明了真相，線性增長產生了八萬元，而倍數增長則產生了一百二十八萬元。

所以我說，倍數增長是「建立財富的公式」。倍數增長能讓你的金錢以倍增的速度增加，而不是一步一步的緩慢增長。

說明複合的倍數增長威力的最好例子，來自一個全世界最有錢的人──華倫・巴菲特創立的投資基金。如果你在一九五六年投資一萬美元於巴菲特的基金，每年把利息和分紅再投入進去，今天你的總投資額可高達八千萬美元！

聽起來難以置信，對嗎？一萬美元的投資可以有八千萬美元的回報！但這就是複合的威力。看看這些年來增長一百倍的公司吧：施樂、ＩＢＭ、沃爾瑪、微軟，這只是一部份。如果你有先見之明、耐心和資金，二十五年前投資在這些公司，你今天已經是很多倍的百萬富翁了。

好消息的是，今天你只要選擇正確，你依然可以讓你的金錢成倍數增長，你創造的是永久收入，你可以提前退休，你可以過自己想要的生活，乞丐也能變成王子！

七、學得多，賺得多

很多時候一個人有多少錢是很重要，但並不是最重要；當你自己覺得生活很充實，這才是最重要的。每個人如果每天都在學習，透過知識使自己的財富不斷增加，才有機會生存下去。

顯然，「學習」已經成為一件引起全社會重視的大事情。從大的方面說，我們正在建設一個學習型社會，從小的方面說，每一個組織都希望將自己建設成為一個學習型組織。

我在這裏所說的學習，不是指正規的學校教育，學校的教育只為個人提供了基本的知識工具。離開學校後的學習，是指個人運用在學校中學到的基本知識，來獲得幫助個人生存和發展的新知識。這兩種學習所獲得的知識並不相同，在學校裏的學習主要是學習書本上面的知識。

你知道嗎？美國人每週用在看電視的時間平均達到二十八個小時，人們在電視機前浪費的時間達到了驚人的程度，並且大多數人看電視並不是為了學習新知識，而是為了消遣娛樂。

算一下，如果每晚看四個小時的電視，那麼每月將花掉一百多個小時。每年累計起來，按一個工作週四十個小時計算，幾乎八個月的時間被浪費掉了。如果他們將這些時間用來學習一門新的技術，一門外語，那將是一件多麼富有意義的事情。

很多人認為自己不需要學習的一個原因是：他們認為學習是學生在學校裏應該做的事情，而對已經參加工作的人而言，主要的精力應該放在工作上面，而不是放在學習上。

這個原因表明了這些人的短視和對學習的誤解。首先，在學校學到的知識不足以使我們應付以後的生活和工作。我們在學校學習所獲得的知識和專業技能，是十分重要的，很多人憑藉在學校所學到的知識，成了一名醫生、律師、教師等等。但是我們知道，現代社會是一個資訊高度發達、知識更新很快的社會，如果你不學習新的知識，只想吃老本，在競爭激烈的社會中根本站不住腳。我們知道，土地曾經是十分重要的財富，接下來誰擁有了工業，誰就擁有了財富，但是今天，快速發展的資訊本身就是財富。新的財富形式變化越來越快，越來越顯著。如果不學習，要想獲得財富，談何容易？

在很多職業介紹機構的名冊裏，登記著無數身強力壯、受過教育的失業者的名字。其中的大部份人都是因為自己沒有透過不斷的學習，獲得進一步發展的能力，因而駐足不前，被別人超越，最後丟失了原有的飯碗。這些人本來就沒有深厚的根基，後來又沒有下決心去累積經驗、學習才能，遇到工作也是馬馬虎虎、敷衍了事。試問，有誰願意與這種人合作呢？他能做好哪一件事呢？

有些人常用在學校的學習時間或得到的文憑、證書、學位的多少，來衡量一個人的受教育水準。一個文憑或學位也許幫助你找到一份工作，但它不保證你在工作上的進步。商業最注重的是能力，而不是文憑。對某些人來說，教育意味著一個人的腦子裏儲藏有多少資訊和知識。但死記硬背事實、資料的教育方法不會使你達到目的。我們越來越依靠書本、檔案和機器來儲存資訊，如果我們只能做一些一台機器所能做的事情，我們就真的會陷入困境了。

況且，這種只注重數量的教育不一定能造就出一個成功者。通用電氣公司董事長拉爾夫•考迪這樣表達了商業管理人員對教育的態度：「我們最傑出的總裁中，威爾遜先生和科芬先生兩個人，他們從未進過大學。雖然我們目前有的領導人有博士學位，但四十一位裏面有十二位沒有大學學位。我們感興趣的是能力，不是文憑。」而能力是需要你在工作中不斷學習、鍛鍊才能一步步得到提高的。

不求進取的人最大的弱點就是想在頃刻之間成就豐功偉業，這當然是做不到的。要想成為有所作為的人，並不是一蹴而就的事情，而是一個透過不斷學習而獲得發展、提高的過程。只有不斷的學習，才能有助於一個人最後達到成功。不願意多學習、多思考，從報紙、雜誌、書本當中盡量吸取各種寶貴的知識，而是把寶貴的時間耗費在無謂的事情上，實在是一件最可惜、最痛心的事。這些人不明白，知識是無價之寶，能使人們獲得無限的財富。

曾經有人問李嘉誠的成功秘訣，李嘉誠的回答很明確：「靠學習，不斷的學習！」李嘉誠小時候是非常喜歡念書的人，成功後仍然繼續學習，盡量看新興科技、財經、政治等有關報導。每天堅持看英語電視，溫習英語。李嘉誠從小就喜歡學習，到了香港後，他堅持半工半讀。父親死後，他做推銷員時邊進修邊工作，賺錢養家，他曾深有體會地說：「年輕時代在興趣的驅使下，如饑似渴的尋求新知識，事實證明當初學習的衝勁，對日後事業發展有極大幫助。」李嘉誠自創辦塑膠企業，到投資房地產、投資股市、入主英資公司，也許有人說李嘉誠的成功在於幸運、在於機遇。但機遇偏愛有頭腦的人，正是由於李嘉誠永不停止的學習，才使得他成為一個人人羨慕的香港超級富豪。

如果你每天花一個小時的時間用來學習你所不知道的東西，那麼在五年之後，你就會驚訝於它給你的生活帶來的影響。

所以，如果你想聚集更多的財富，就必須要不停的學習，學習新的知識，學習新的賺錢方式。當然，人的精力有限，你不能指望自己用一生的時間學盡所有的知識。學習那些與你的事業密切相關的知識，這是非常重要的一點。一個研究生要寫畢業論文，在確定了題目後，就需要閱讀與論文題目相關的書籍。如果他一頭栽進圖書館裏，不加挑選就開始閱讀，很難期望他能在規定的時間裏寫出一篇好的論文。

還有另外兩種方式，也可以讓你獲得知識的新思路、新方法。一種是聽光碟。曾經有一段時間，我非常著迷於這種方式，有時是在路上，或者在家中休息，聽一下成功人士的演講光碟，在打開我的思路的同時，還會深深地感染我，在我的內心中產生一種力量，使我迫不及待的要去實現自己的目標。另外一種學習的方式就是閱讀。比爾・蓋茲、傑克、巴菲特、羅伯特……閱讀這些人的著作，我們可以知道他們是如何有成效地賺錢，從中學到寶貴的成功經驗。每當看到別人抱怨他們為了買這種光碟或者書籍而花錢時，我真的很困惑：他們認真的看了嗎？聽了嗎？對於一些我認為有用的書籍，我通常會讀上好幾遍，直到能夠清楚地理解書中的內容為止。如果只是走馬看花，那麼看再多的書也是無用。

想像一下，如果人們決定把乘車花費的時間，或者晚上睡覺和早上醒來的時間，用來提高自己的知識和技能水準，那麼這會帶給他們什麼？是財富。

第六章

享受生活的每一天

每天為生活奔波勞碌，我們在急於前進的路上往往忘記了，應該放慢一下腳步享受生活的美好。每天都「悅」讀，讓心靈在書中找到一個家；週末停下來，別再急匆匆，放慢生活的腳步；在生活中感受藝術，在音樂中感悟生活；放假了，到郊外走一走，用心感受大自然的美麗；用愛心養一隻寵物，給自己一位忠實的朋友。每一天都有好心情，盡情享受生活的每一天！

一、每天都「悅」讀

莎士比亞曾說：「書籍是全世界的營養品。」生活裏沒有書籍，就好像沒有陽光；智慧裏沒有書籍，就好像鳥兒沒有翅膀。

你的生活中，是否也是這樣沒有一天不讀書呢？也許現代生活的快節奏讓你完成了一天的工作之後，再也無心拿起書本慢慢品嘗那一縷墨香；也許現代都市的繁華和娛樂方式的多樣化，讓你在空閒時間裏寧可和朋友們一起唱歌、聚餐、搓麻將，也不願單調的守著一盞檯燈與書為伴；也許經歷了學生時代填鴨式的教育和題海戰術，讓你離開學校之後就再也不想翻開書本……即使有千萬個理由，其實本質上都是一樣的：只因為不能靜下心來，享受那一份讀書的閒適與安寧。

不喜歡讀書的理由都是一樣的，但喜歡讀書的理由卻各不相同：有人說，書籍是透過心靈來觀察世界的視窗。是啊，我們的時間和精力是有限的，如果不能親自到地球上各處走走，去看那奇異的景緻、去體味種種風土人情、去瞭解同一片天空下不同的人的生活，那就讀書吧！讓書籍帶著你的心飛向天空、飛過山脈、飛越海洋、暢遊世界！

有人說，「書籍是人類進步的階梯。」是啊，人類的步履如此漫長，宇宙的演化亙古不絕，而我們只不過是萬物進化歷程中極其短暫的一瞬間。我們想知道在自己誕生之前的世界是什麼樣子，也想知道自己所不能經歷的未來時空會有什麼樣的變化，那就讀書吧！讓書籍帶你穿越時空的阻隔，讓書籍帶你探索歷史的記憶，讓書籍帶你幻想未來的神奇！

有人說，「書籍就像一盞神燈，它照亮人們最遙遠、最黯淡的生活道路。」是啊，我們經歷著許多的煩惱與迷惑，承受著許多壓力與質疑，如果不能在現實的世界裏找到支持，如果不能在現有的例子中找到榜樣，那就讀書吧！一本好的書籍，會在你失意的時候給你力量，會在你驕傲的時候給你忠告，會在你孤獨的時候給你慰藉，會在你迷茫的時候給你指點方向！

有人說，「和書籍生活在一起，永遠不會嘆氣。」是啊，萬事如意只不過是人們美好的心願，在現實的世界裏，我們要考慮太多身外之物：金錢、房子、車子、孩子等等，如果還沒能夠練就金剛不壞之身去承擔所有責任、煩惱和不如意，那就讀書吧！書籍會讓你知道究竟什麼是值得追求，而什麼是應該放棄；書籍會幫助你撫平澎湃的心潮，於鬧市中取靜，於紛爭中安寧；書籍會讓你形成自己的價值觀、人生觀和世界觀，培養更佳的心態！

苦於時間太少，漢朝的孫敬每天晚上學到深夜，為了避免打瞌睡，竟用繩子的一頭拴住頭髮，一頭拴在房樑上，一打瞌睡頭髮就被扯得很疼，於是又有了精神讀書。戰國時的蘇秦，想做一番大事業，便刻苦讀書。深夜讀書，每當自己打盹的時候，他用錐子往大腿上刺一下。頭懸樑錐刺股，從此成為了勤學苦讀精神的典範。

「三更燈火五更雞，正是男兒讀書時。黑髮不知勤學早，白首方悔讀書遲。」顏真卿的詩句印證了古人們寒窗苦讀，追求知識的精神。而如今，時代所賦予讀書人的特權已經不在了，讀書所代表的「天將降大任於斯人也」的精神也越來越淡化；隨著物質生活的豐富，我們也大可不必擔心再受古人們所經歷的痛苦。讀書，已經成為一種對生活的享受，成為一種自由選擇的消遣方式，成為一種培養氣質和修養的途徑。

對於現代人來說，讀書是生活中必不可少的調味劑，是心情的調節器；是向遠古的先知問詢生命的真諦，是與個性分明的作家分享對世界的感悟。生活中沒有書，就像做菜時忘了放調味料，就像派對裏沒有美酒。每一天，每一刻，我們都不能沒有書籍相伴。從現在開始，不僅要閱讀，更要「悅」讀！

開始「悅」讀吧！讓那些思想家關於宇宙和生命的感悟，對你的精神進行一次洗禮；讓那些文學家清新的思維和明快的筆調，帶你神遊夢中的世界；讓那些評論家犀利的筆鋒，培養你敏銳的觀察力和獨到的見解。

開始「悅」讀吧！無論工作多麼忙碌，無論生活的節奏多麼飛快，時間是最奇妙的東西，只要擠一擠，總可以發現零散的時間有待利用。你可以在等車的空閒看兩句佛、禪、道的哲人慧語，可以在午後小憩時翻兩頁清靈的散文，可以在入睡前倚在床上重溫經典的小說。

開始「悅」讀吧！當你悶悶不樂時，讓書籍解開你的心結；當你缺乏勇氣時，讓書籍給你勇往直前的動力；當你孤立無助時，讓書籍給你最有力的支持。書籍永遠是人類最好的朋友，也是最真誠的朋友。

開始「悅」讀吧！當你讀書時，會悄然的被作者帶入到一個全新的世界裏自由漫步，就像是與一位智者展開了平靜而又深遠的交談，超越了時空的限制。智者的思想會慢慢融入到你的心靈深處，打動著你不成熟的靈魂。潛移默化中你對世界萬物的著眼角度開始發生變化，你會用心去體會人生的真正含義，你會更快樂積極的對待生活，你將學會欣賞美並去創造美，你將踏著智者們的思想階梯逐步達到新的精神境界，形成自己對生命、對世界的新的感悟。

開始「悅」讀吧！讓縷縷書香洗滌你那因世俗而染上塵埃的靈魂，讓字字珠璣指點你奮鬥中不小心走入的迷津，讓循循哲理觸發你生命中善良、真誠的本性，讓本本智慧的結晶培養出你獨特的氣質、談吐和涵養。

每一天都閱讀，每一天都「悅」讀。你會發現，書籍讓生活原來如此可以更輕鬆，書籍讓你我都更快樂，書籍讓每一個片段都更值得記憶。讓生活的每一瞬間都留下書本的印跡，讓情感的每一個角落有書相伴，讓你的一生與好書為友。

二、週末要過慢生活

一隻小老鼠拚命奔跑，烏鴉問牠：「小老鼠，你為什麼跑得那麼急？歇歇腿吧。」

「我不能停，我要看看這條路的盡頭是個什麼模樣。」小老鼠回答，繼續奔跑著。一會兒，烏龜問牠：「你為什麼跑得這麼急？曬曬太陽吧。」小老鼠依舊回答，「不行，我急著去路的盡頭，看看那裏是什麼模樣。」

一路上，問答反覆。小老鼠從來沒有停歇過，一心想到達終點。直到有一天，牠猛然撞到了路的盡頭一棵大樹樁，停了下來。

「原來路的盡頭就是這棵樹樁！」小老鼠感嘆說。更令牠懊喪的是，牠發現此時的自己已經老邁：「早知這樣，好好享受那沿途的風景，該多美啊！」

你是否在工作中忙碌不堪，放假時通宵看電影影片？你是否拚命衝向未來，卻忘了享受此時此刻？你是否想過要改變現在的生活，到寧靜優美的大自然中去？忙碌的生活讓我們失去了太多，不僅是健康，還包括對生活的熱愛、激情和享受，對周圍的一切喪失了新鮮、好奇、體會與感動，生活的細節已被完全的忽視。有些人抱怨說現在的生活節奏太快了，有些跟不上，哪裏還有時間放慢腳步呢？日子活得真是太累了。快節奏的生活就像鞭子一樣抽打著人們不斷向前，沒辦法慢下來。長期的都市快節奏生活讓人很累，我們要返璞歸真，不再「拚命」，要讓生活變成「慢板」，靜下心來細細體會和品味生活的細節。

一九八六年義大利羅馬的西班牙廣場上，義大利作家卡羅・皮逖尼為了抗議在廣場上新建的一家麥當勞，在小鎮巴沃羅發出：「即使在最繁忙的時候，也不要忘記享受家鄉美食」的呼籲。從此，這次呼籲掀起了一股全球性的「慢生活」浪潮。現在，全世界的「慢生活」支持者已經發展到數以萬計，這些「慢騰騰」的人擁有一套獨特的方式，讓生活和工作中的各個方面都慢下來。

慢生活是一種利用時間資源來補充生命資源的過程，象徵了生活的高品位與高品質，而且似乎要比上氣不接下氣的忙生活來得更酷。慢生活是人們對現代生活的反思，慢生活的本質是對健康、對生活的珍視，人們期望能靜下心來慢慢享受生活，但是現實似乎並沒有給大家一個「慢」下來的機會。就算平時你忙於工作，那麼週末的時間一定要留給自己，放慢生活的節奏，緩解緊張的神經，過兩天「慢生活」。其實，在繁華之都，你一樣可以放慢生活的腳步，從容地贏得生活。

慢生活最簡單的就從慢吃飯開始。平時習慣於草草對付、狼吞虎嚥每一餐的你，在週末一定要靜心坐下來享受每一餐。在輕鬆的環境下吃精心烹煮的食物，別像平時一樣邊吃飯邊接聽手機，或者查看電腦的資訊。我們沒必要像義大利的「慢一族」一樣，喜歡每天花兩個小時來吃午餐；或者像法國的「慢人」們一樣，每天三頓飯都精細雕琢，法式大餐該有的程式一個都不能少；也不必像某些有情趣的美國人一樣，還在自家院子裏種菜，從頭到尾的享受食物帶來的樂趣。慢吃飯講究飲食的營養搭配和製作工藝，在輕鬆優雅的音樂聲中細嚼慢嚥，細細品味每一塊食物的香甜。在放慢了飲食速度的同時，更放慢了心態，以慢餐引導那些被物慾橫流的大潮包圍著的人們放慢腳步，形成一種健康的心理態勢。

慢閱讀也是放慢生活速度的好方法。平時我們習慣了看報紙的一覽而過，習慣了看資料的一目十行，似乎都成了泛讀和快速閱讀的高手。但是，放慢讀書的速度、「細嚼慢嚥」地讀書可以完全沉浸在書籍的氛圍中，給予細節更多的關注，對書中的問題做更深層次的思考，這樣做不僅閱讀效果好，也能夠帶來更多心靈上的愉悅。坐在窗邊，舒服的躺在搖椅上，喝一杯茶，捧一本耐讀的好書，滿滿的一頁一頁翻過，當夕陽透過窗子給你一道火紅色的問候時，你的一天就在安靜的閱讀中寧靜的度過。

慢休閒，讓「高興」更安靜一些。很多現代人的休閒方式是一群人出去狂歡，然後一哄而散，或者是出入高檔商場之間，不停的試穿、比較，逛商場逛到大汗淋漓。在「慢一族」看來，這不叫休閒。晚飯後把手機關掉吧，和家人聊聊天；或者找一個好天氣的時候，帶著家人相約外出，去看看大自然，或者釣魚、野餐，在清新的環境裏慢慢享受親情和友情的美好。

慢運動更是一種有效的運動。運動代表了「速度與激情」，但「慢人」們也有辦法讓它慢下來。他們一般選擇太極拳、瑜伽或者「超慢」的舉重等運動，而不是一下就弄得滿身大汗；平日裏，他們喜歡散步，而不是一路小跑或者乾脆來個累死人的馬拉松。堅持適度舒緩的運動，比斷斷續續的激烈運動對人體更有益。另外，很多平時經常做的動作和姿勢，稍加注意，也可成為有效的慢運動方式：適當的靜坐休息，能促使人心平氣和、精神爽快、煩悶消除；適當的站立，可激發人體新陳代謝，相對的疏通經絡，還能精神振奮，有利於大腦的適當休息，使全身舒暢；不拘形式的從容步行，可使全身關節筋骨得到適度的運動，對身體的新陳代謝都會有良好的促進作用，可以提高身體的抵抗能力。

慢生活是一種從容的生活態度，是一種健康優雅的心態，是一種順其自然的價值觀，是一種從容不迫的大方，是一種徹悟的安詳，是一種富得充實、窮得快樂的寫照，是一種讓人生充滿快樂的生活方式。我們完全可以換個活法，不必匆忙地過日子，把自己變成一部上了發條的機器，而是放慢生活的腳步，好好享受生活贈予的一切。

試著放慢說話的速度，讓溫柔的輕聲細語縈繞在耳際；

試著放慢咀嚼的速度，讓食物的香甜在口中留住；

試著放慢走路的速度，看看路邊的小草長高了沒有，別錯過了身邊最美麗的風景；

試著放慢微笑的速度，讓嘴自然的由一條直線產生弧度，然後讓眼睛也眯起來，漏出一個完整的微笑；

試著放慢思考的速度，只想想吃什麼、玩什麼，煩人的事情留給工作時間再考慮。

三、藝術的生活

在浮躁喧囂的現代社會中找尋一個專屬於自己的心靈家園，在氤氳的暖香中，幽靜的享受生活的藝術。小雨在忙碌了大半年之後，終於得到了兩個月的假期，她沒有像其他同事那樣整天泡在家裏看電視，或者隔兩天找一堆朋友胡吃海塞，而是去了一家茶藝館專門學習茶藝，選擇了在這樣一個幽雅清新的環境中度過這個炎炎盛夏。

每天她以嫻熟的手法開始泡茶，觀其茶水色，聞其茶香，再細細品上一小口，給人以一種清新恬靜的享受。很難想像，在一個月前，她還是一個急躁、忙碌的職場女強人，現在她恬靜的面孔微笑著，給人一種可親的感覺，就像是溫婉的鄰家姑娘。

以前在工作的空餘，小雨也曾看過一些介紹茶藝的書籍，現在假期開始了，她就藉此機會專心學習。剛開始學習茶藝的工作是辛苦的，跟著師傅更多的是實際的操作，在書本裏學到的基本知識已遠遠不夠用。小雨認真向師傅學習茶葉的識別、沖泡等等，在工作中，她也留心累積實踐中的經驗，很快就進入專業的狀態。

看到眼前這個茶藝手法嫻熟的女生，已經很難與那個工作壓力大、整天憂心忡忡的女生聯繫起來。茶藝不僅充實了她的假期生活，更給她的性格帶來了更好的變化。小雨自己則認為，茶藝是一種源於生活、應用於生活的藝術。生活雖然忙碌工作也很繁重，但我們總可以抽出一點時間來感受一下藝術的氣息，這樣才不會被生活的世俗所侵蝕，永遠保持一種藝術的心境和生活方式。

同樣是生活，有的人活的有滋有味，有的人活的狼狽不堪。沒有藝術的生活也是生活，但有藝術的生活更是美好的生活，而完美的生活奠基於優良的思維。藝術的偉大意義，基本上在於它能顯示人的真正感情、內心生活的奧秘和熱情的世界。人生在世，經世立業、揚名立萬固然是很多人追求的目標，經商的可以在商賈雲集中顯露頭角，從政的可以深孚眾望、官運亨通，名與利不難獲得，難的在於終生的維持，即用一種平和的心境和從容的姿態來將自己在眾多名利之中保持本色，保持一種脫俗的姿態，這不僅需要善良的心靈，更需要將你的心靈從世俗的紛爭中留出一隅，尋找一下自己的興趣，將藝術融於生活。

週末了，不妨去看一看博物館的展覽。歷史文物展，讓你看到那些從前只能在歷史課本上見到的圖片的真實面貌，讓你似乎真實的穿越了時間的隧道，回到幾百幾千年前，感知我們的祖先是如何生活生存；工藝品展，讓你驚歎於先人們精湛的技藝和巧妙的思維，在物質和科技落後的時代，他們竟然用自己的智慧和靈巧的手做出了如此不朽的傳世之寶；民俗展、瓷器展可以讓你看到我們祖先的日常生活是怎樣的，他們有著什麼樣有趣的風俗和習慣，他們是如何將對生活的熱愛和尊重表現在精美而細緻的日常用品中，只有熱愛生活才能享受生活。

如果你嫌博物館裏的氣氛太寧靜，與工作中的忙碌形成了太大的反差，一下子難以適應角色的轉變，那麼，不妨去聽一聽音樂會、看幾場舞台劇或者參加其他的藝術活動。故事情節豐富的舞台劇不僅引人入勝，更能讓你在視覺、聽覺的盛宴中瞭解一個時代、一個民族或者一個生命傳奇的經歷，而他們的故事中有不少地方也是值得你自己借鑒和感悟的，在享受的同時也是在感悟和學習；音樂會也是很好的與藝術作伴的途徑，在裝修明朗的音樂廳裏聆聽藝術家們演奏一曲曲曠世經典，鋼琴那流暢的音符、小提琴舒緩的節奏將你的心帶到山間、帶到草原，與溫婉的姑娘對話，與智慧的老者交談，在音樂的世界裏放鬆緊張的心情，驅走來自生活和工作的壓力。

要是你連音樂都聽不進去，或者覺得自己在家聽聽ＣＤ音樂就好了，那麼不妨去看一場電影和戲劇。不要以為在家裏對著電腦或電視看影片是一樣的效果，那只是為了省錢和省時間的人搪塞的說法。去看電影和戲劇是一種無可替代的藝術生活方式。想想你和你的朋友一起，花上整個晚上欣賞一部視覺的盛宴，可能會感動的哭，可能會情不自禁的笑，也可能會不停的感嘆其中蘊含的深刻道理，看完之後，再對裏面的情節進行一下交流，聽聽彼此對主人翁的所作所為有什麼看法，或者評論一下服裝的搭配、道具的佈置是否達到了美的極致，或者幻想一下，如果主人翁不採取那種行動，將導致劇情往哪個方向發展……。

藝術是人們對自然、對歷史、對美的最深切感觸的產物，接觸藝術，讀懂藝術，會讓我們的心靈接受一次洗禮，會讓我們的思維來一次淨化，在寧靜的氣氛裏、在繽紛的色彩中、在悠揚的音符上，我們的心也跟著一起跳動；忘記了昨日的傷、今天的累和明朝的憂，感受藝術，就是用眼、用耳、用心、用最簡單的方式給自己的生活，增添一絲鮮亮的色彩、來一次愉快的躍動。

美無處不在，張開眼睛，打開心靈，伸長耳朵，用心感受，什麼樣的東西能夠觸動心靈，多多地去感受，多多地去開放，一輪明月，一朵雲，一棵樹，一張笑臉，一句好聽的話語，一聲鳥鳴，一個美麗的女孩，一陣清香，一個優雅的舉止，一個愛意的眼神，美無處不在，藝術無處不在，只要你用心去感受，你就可以擁有一個藝術的，美好的人生。

藝術並非只在精湛的工藝品中，並非只表現在美輪美奐的繪畫中，並非只存在於高雅的音樂中和文學中，藝術是空氣，就在我們的身邊，你只要用心去感受、去參與、去體會，就可以將自己的生活融入藝術之中，做一個生活中的藝術家。

四、音樂是很好的減壓方式

寒假回家的時候，火車上的人多得不能再多了，擁擠的車廂裏擠著四面八方的人和各自大大小小的行李，車輪聲、話語聲、還有推著商品車的列車員的叫賣聲，空氣似乎也被各種聲音壓得喘不過氣來，沉悶而乏味。總有人在抱怨，總有人在說著無聊，但我總能夠安之若泰的靜靜坐在那裏，彷彿與世隔絕般安靜的度過四、五個小時。因為我總是隨身帶著MP3，讓音樂一路伴著我，摒除外界的喧鬧、緩解內心的焦躁、安慰緊張的神經。聽音樂幾乎成了我應付壓力、不安和焦躁的秘訣，簡單而又輕鬆的就給自己營造了一個舒適的心靈空間。

還記得有一年我在考研究所的時候，實在承受不住這巨大的壓力了，曾經一度想到過要放棄。同房的思思給我聽了一首歌，是范瑋琪的《最初的夢想》：「如果驕傲沒被現實大海冷冷拍下，又怎會懂得要多努力，才走得到遠方；如果夢想不曾墜落懸崖千鈞一髮，又怎會曉得執著的人有隱形翅膀。把眼淚裝在心上，會開出勇敢的花，可以在疲憊的時光，閉上眼睛聞到一種芬芳，就像好好睡了一夜直到天亮，又能邊走著邊哼著歌，用輕快的步伐。沮喪時總會明顯感到孤獨的重量，多渴望懂得的人給些溫暖借個肩膀，很高興一路上我們的默契那麼長，穿過風又繞個彎，心還連著像往常一樣。最初的夢想緊握在手上，最想要去的地方，怎麼能在半路就返航。最初的夢想絕對會到達，實現了真的渴望，才能夠算到過了天堂。」

給我啟發最大的那句歌詞就是：「最想要去的地方，怎麼能在半路就返航。」是啊，我們都在心中擁有一個夢想、一個希望，可是實現它又充滿了困難。我們難免會遇到挫折、失敗，也曾徬徨、也曾懷疑，就在外在的壓力和內心的煎熬達到了承受的極限的那一刻，真的想要放棄。就像那時的我，真的不敢相信自己能達到自己的目標，就是這句話給了我力量。人是一種有趣的動物，看似複雜，有時卻需要一些極其簡單的道理來開導，彷彿忽然間領悟了人生的真理一般，獲得了新的力量，找回了自信，找回了快樂。

我有一個同學，大學的前三年裏一直在準備出國，就在即將畢業的前半年忽然擔心自己可能出不去，於是就開始去找工作，竟然拿到了很不錯的offer，可是這時候出國的事情還沒有確定的答覆，她處於兩難的選擇之中，要是現在簽了工作合約，就不用擔心萬一出不去畢業之後就沒有著落；可是自己大學裏的夢一直以來就是出國，如果現在突然做出改變，實在是令她難以承受。於是我把這首歌也推薦給了她，她也是深深感觸於那一句，仔細想了一想之後，還是決定認真準備出國方面的資料，放棄了工作的機會，最後，她終於如願以償出國了。

音樂就是這種有趣的東西，我們常常裝作高雅，不屑於聽流行歌曲；或者強調個性，從來不聽國語歌曲。我們沒有重視音樂，只是因為沒有意識到它的重要性。音樂是思維的聲音，音樂是沒有文字的語言，優美的旋律，是音樂人融入了深刻的感情，加入了某一剎那的靈感而編寫的；發人深省的歌詞，是詩人根據一個個真實的故事或者自己對人生的感悟而釀就的。一首歌就是一首詩，就是一段感人的故事，就是一個永恆的真理。

音樂能夠緩解你的壓力、消除身心的疲勞、鼓舞你的意志，更重要的是，它能夠安慰你的心靈，在你的心裏營造一種靜謐、安寧的氛圍，使你感到舒暢和安寧。音樂是人類共通的語言，旋律中，彷彿有一種不可抗拒的藝術力量。音樂與世界，音樂與人性的奧秘，也許就如水一樣的流程中，使我們的靈魂昇華。在心隨樂動的過程中，似乎每一個細胞也隨之律動起來，跳躍起來，於是生命也更加年輕。

在一個社區的活動室裏，許多老年人聚在一起打牌、下棋，消磨這漫長的下午時光。一位瘦小的婦人站在牆的旁邊，既沒有參與到其他人的活動中，也沒有說一句話。她穿著棕色的便裝，縮著肩，花白的短髮在腦後挽成一個髻。

這時從廣播裏傳來一段熟悉的旋律，於是奇特的一幕出現了，那個婦人彷彿沒有意識到身邊的人一樣，開始搖擺扭動身體，她打著響指，扭著臀部，她踏著輕盈優雅的舞步：向後、跳步、滑步。當她轉到門前時，她停住了。恢復了原來的端莊，一臉嚴肅地走了過去，她又變成了那個縮肩弓腰的婦人。

不要只看到歲月帶給生命的刻痕：滿臉皺紋、腰身臃腫、頭髮花白。每個人都有豐富的內心世界，只是日常生活中並沒有一絲靈感去觸動那些靈魂。音樂是有魔力的，它可以讓衰老的人重新找回年輕時的優雅，它可以讓患病的人重新燃起對生命的渴望，它可以讓鬱鬱寡歡的人重新找到快樂的理由。

音樂可以減壓，音樂可以緩解疼痛，音樂可以激發熱情，音樂更能幫助你營造寧靜的心態。根據不同的心情特徵，來聽聽音樂吧！每個人有自己的世界，有自己的靈魂，有自己的生活，也就該有自己的音樂，有屬於自己的音樂。音樂照理沒有好壞之分，就像世上的每個生命一樣，有他們自己的性格，有自己的模樣，也就適合於不同的人。

想感受高雅的時候，就聽一聽古典音樂、圓舞曲吧，讓心與舞曲一起飛揚，想像那飄然若仙的快樂；夜深人靜的時候，聽聽略帶憂傷的藍調吧，讓那些彷彿流淚的心情故事給你帶來一個感動的夜晚；鬱悶的時候，就聽聽搖滾音樂發洩一番吧，對著麥克風的狂吼和前言不搭後語極富個性的歌詞，能讓你暫時忘記痛苦，把它們統統拋在腦後；在靜靜的夜裏，聽流淌的搖籃曲，感受窗外流動的風景，和煦的風輕輕地撫過，這時所有因白天工作而帶來的疲憊和不快，都隨風而去。

煩躁的時候，聽一聽《班德瑞》，在這裏一切都是純自然的，有清爽的雨聲，淨化心靈；有變幻的風聲，纏綿悱惻；有潺潺的水聲，沁人心田；有喧鬧的鳥語，生機勃勃……像是從內心深處發出，如滾滾流泉般地傾瀉。像是在浮躁生活中的鎮定劑，像一股泉水，舒而不緩，井然有序；像夕陽裏悠然的雲彩，天馬行空；像久違的老朋友，在茶水沸騰的氣霧中，與你交換著關於生活和心靈的故事。那優美的旋律，像春天裏飄揚的細雨，綿綿無盡地流進心田，帶著自然的純真之情給人以質樸的詩意，使人完全沉醉在大自然裏，沐浴在音樂的河流裏。並由此感悟到光明與生命的珍貴。在午後的暖陽中，在夜晚的清風中，沉醉在美妙的音樂中，心情也一寸寸迷醉了。班德瑞就是這樣純淨、透明、灑滿陽光的音符。聆聽這些最具臨場感的大自然音樂，就是每天送給自己最好的禮物。

想要享受下午茶的安寧時分，就享受一曲優雅的的鋼琴曲吧。你能從音符的飛躍中感覺到風兒搖動的樹梢、夜霧在山谷中曼舞、微風在海邊輕唱……音樂裏的世界是廣大無邊的，空明幽遠的，是一種靈魂的應答與詠嘆。觸及著人們的靈魂，使人忘卻卑瑣、接近崇高。在音樂裏，彷彿聞到了玫瑰、鬱金香的清香，海風中的氣息……聽著純粹、悠揚的鋼琴曲，似乎在音樂裏能尋找到自己，確切地說是尋找自己的精神，內心就會感到寧靜與安詳。

有音樂相伴的時間，似乎總是短暫的。音樂加速了時間，也加速了我們對時間的最美好享受。一首接一首的歌曲緩慢地播放，心也隨著音樂的旋律慚慚變得詩意起來，世間萬物好像靜止了，天地之間一片靜謐，人好像也變得純淨起來。能有這麼一個時刻，靜靜地坐在這裏，享受音樂帶來的美妙，豈不樂哉！

一首歌就是一個故事，一首歌就是一個童話。讓你感動的音樂，只是屬於你自己的。有些歌聽著會悄悄哭了起來，有些歌聽著又會偷偷的笑。當你不開心時，當你迷茫時，當你鬱悶時，找一首好歌來聽吧，找一曲純音樂來感受吧，讓那流動的音符撫摸你緊繃的神經，從此平靜下來；讓那舒緩的旋律驅走你內心的憂慮，從此安寧下來。享受音樂，享受生活。

五、用微笑面對世界

人應該用笑臉來迎接眼前不如己意的人和事，這樣才會激發創造希望的力量，讓自己的生命發出光亮。

海倫·凱勒是聞名世界的美國盲聾啞女作家、教育家。一八八〇年她出生於美國的阿拉巴馬州，一八八二年才兩歲的海倫因罹患猩紅熱兩耳失聰，雙目失明。從此陷入了無聲的黑暗世界。萬幸的是海倫並不是個輕易認輸的人，不久她就開始利用其他的感官來探查這個世界了。她跟著母親，拉著母親的衣角，形影不離。她去觸摸，去嗅聞各種她碰到的物品，去模仿別人的動作。很快她就能自己做一些事情，例如：擠牛奶或揉麵。她甚至學會摸別人的臉或衣服來識別對方，她還能聞不同的植物和觸摸地面來辨別自己在花園的位置。

七歲時，安妮・沙利文擔任她的家庭教師，從此成了她的良師益友，兩人相處達五十年。在沙利文的幫助之下，海倫一八九九年考入哈佛大學拉德克利夫女子學院，在大學期間，寫了《我生命的故事》，講述她如何戰勝病殘，給成千上萬的殘疾人和正常人帶來鼓舞。如今這本書被翻譯成五十多種文字，在世界各國流傳。幾年後她以優異成績畢業，此後又寫了許多文章和幾部自傳性小說，表明黑暗與寂靜並不存在，還曾經應邀去好萊塢主演電影。

自一九二四年成為美國盲人基金會的主要領導人後，海倫・凱勒成了卓越的社會改革家，到美國各地，到歐洲、亞洲發表演說，為盲人、聾啞人籌集資金。二戰期間，她又訪問多所醫院，慰問失明士兵，她的精神受人們崇敬。為了表示對這位沒有在盲聾啞的缺憾面前屈服的勇敢女士，一九五九年聯合國發起了「海倫・凱勒」世界運動；一九六〇年美國海外盲人基金會開始頒布「海倫・凱勒」獎金。由於其堅韌的精神和對世界關注殘疾人士運動的貢獻，一九六四年海倫凱勒被授予美國公民最高榮譽勳章——總統自由勳章，次年又被推選為世界十大傑出婦女之一。

一九六八年六月一日這位一生與黑暗、寂靜和病痛纏鬥的勇士與世長辭。一九六八年她去世後，一個以她的名字命名的組織建立起來，即國際海倫・凱勒，該組織旨在與發展中國家存在的失明缺陷做抗鬥。如今這所機構是海外向盲人提供幫助的最大組織之一。

海倫・凱勒曾經說過：信心是命運的主宰，在黑暗的恐嚇下，在寂靜的孤獨中，在病痛的折磨下，她從沒有失去過信心，於是她成功的主宰了自己的命運，做到了連許多正常人都無法做到的事情，不僅讓自己被世界所認識、接受和尊敬，也深深地愛著這個世界。只要朝著陽光，便不會看見陰影。生活並沒有因為她看不到晴天而缺少陽光，也沒有因為她看不到花草樹木而缺少色彩，她的心中有一幅自己的美麗圖畫。

人生向來注定要和困難打交道的，我們每走一步都會遇到困難，時時面臨錯綜複雜的困難，處處感受到困難的威脅。我們經常聽到許多人在困難和挫折面前，總是抱怨命運不好或者不公平。然而再大的困境能比被剝奪了聽的權利、說的權利以及感受世界上所有美的權力更殘忍的嗎？處於困境之中，有些人屈服了、灰心了、放棄了，於是在困難中銷聲匿跡，成為了生活的犧牲品；但更多的人選擇了積極、樂觀和拚搏，把困難當作上帝賜給他的禮物，在困境中走出了一條灑滿汗水、淚水甚至鮮血的路，他們是生活的強者。

俗話說，人生不如意十有八九，只有積極樂觀的心態才是我們獲得成功的基礎，記住你認識到你自己的積極心態的那一天，也就是你遇到最重要的人的那一天；而這個世界上最重要的人就是你！你的這種思想、這種精神、這種心理就是你的法寶，你的力量。

二戰期間，一位名叫伊莉莎白·康黎女士，在慶祝盟軍北非獲勝的那一天，收到了一份電報：她唯一的兒子戰死在沙場。

那是她的最愛也是唯一的親人，那是她生命中所有的希望啊！她無法接受這個突如其來的事實，她的精神瀕臨崩潰。她痛不欲生，決定放棄工作，遠離家鄉，默默地了此餘生。

當她整理行李的時候，忽然發現一封信，那是她兒子到達前線後寫的。信上寫道：「請媽媽放心，我永遠不會忘記您對我的教導，不論在哪裏，也不論遇到什麼災難，都要勇敢地面對生活，像個真正的男子漢那樣，能夠用微笑承受一切的不幸和痛苦。我永遠以媽媽您為榜樣，永遠記住您的微笑。」

她讀完後熱淚盈眶，把這封信讀了一遍又一遍，似乎看到兒子就在自己的身邊，那雙熾熱的眼睛望著她，關切地問：「親愛的媽媽，您為什麼不照您教導我的那樣去做呢？」

伊莉莎白・康黎打消了離鄉背井的念頭，她對自己說：「告別痛苦的手只能由自己來揮動，我應該用微笑埋葬痛苦，繼續堅強地生活下去。我沒有起死回生的能力改變它，但我有能力繼續生活下去。」

後來，伊莉莎白・康黎寫下了很多作品，她在《用微笑把痛苦埋葬》一書中寫道：「人，不能陷在痛苦的泥潭裏不能自拔。遇到可能改變的現實，我們要往最好處努力；遇到不可能改變的現實，不管讓人多麼痛苦不堪，我們都要勇敢面對，用微笑把痛苦埋葬。有時候，生比死需要更大的勇氣與魄力。」

生活中挫折、誤解、煩惱、憂愁時常侵擾著我們，我們生活在現實之中，自然要明白一個簡單的道理：**一個人不能因眼前，或者已經過去的不愉快，而錯過明天的希望。**學會坦然處之，學會超越困境。生活就是生活，需要一種樂觀自信，一種勇氣；一種坦然寬容，一種平和自然，一種境界；需要一種心態，一種精神、一種品質、一種智慧、一種力量、一種情懷，一種真情、一種感動。

趕快用微笑去面對你未來的每一天吧！知道微笑的作用有多大嗎？人是精神和肉體的統一

體，身心之間有明顯的相互作用。一個人情緒的好壞直接影響到他的工作、生活和身體健康。從醫學上來看，笑是心理和生理健康的反應，是精神愉快的表現。笑能消除神經和精神的緊張，使大腦得到休息，使肌肉放鬆。特別是在一天緊張工作之後或空閒休息時，說個笑話，聽個音樂，讓大腦出現愉快的興奮，有利於消除疲勞，增進健康。特別是遇到讓你痛苦不已或者百般無奈的事情時，讓你的面部表情保持這樣：微笑、大聲的笑！就這樣保持兩分鐘。這樣做有助於讓你擺脫那些痛苦和煩悶，引導你的快樂想法，使你情緒高漲，感覺會好很多。

笑對呼吸系統有良好的促進作用。隨著朗朗笑聲，胸脯起伏，肺葉擴張，呼吸肌肉也跟著活動，好比一套歡笑呼吸操。

笑是一種最有效的消化劑，愉快的心情能增加消化液的分泌，歡聲笑語可促進消化道的活動，使人食慾大增。

笑還具有祛病保健、抗老延年的意義。笑一笑，十年少，近年來對長壽老人的調查說明：性情溫和，樂觀開朗是他們共同的養生大法。為此，只有「笑口常開」才能「青春常在」，讓我們盡情的歡笑吧。

卡耐基說過：「笑是人類的特權。微笑是最好的名片，笑能拆除你與別人之間無形的障礙，讓彼此都敞開心扉；笑可以消除雙方的戒心與不安，可以打開僵局。」真正值錢的是不花一文錢的微笑。

也許工作忙碌，讓我們為了事業上的煩心事笑不出來；也許生活無趣，讓我們為了雞毛蒜皮的煩惱而無法微笑。不管怎樣，首先給自己一個微笑，給自己一個愉悅的心情；給家人一個微笑，將快樂傳遞給家人；給朋友一個微笑，生活將變得美好。當你微笑時，世界便愛上了你。

國家圖書館出版品預行編目（CIP）資料

誰綁了你！/ 胡可瑜著. -- 初版. -- 臺北市 : 種籽文化事業有限公司, 2021.02
面 ; 公分
ISBN 978-986-99265-7-7(平裝)

1. 修身 2. 生活指導

192.1 110000878

小草系列 33

誰綁了你！

作者 / 胡可瑜
發行人 / 鍾文宏
編輯 / 種籽編輯部
行政 / 陳金枝

出版者 / 種籽文化事業有限公司
出版登記 / 行政院新聞局局版北市業字第 1449 號
發行部 / 台北市虎林街 46 巷 35 號 1 樓
電話 / 02-27685812-3 傳真 / 02-27685811
e-mail / seed3@ms47.hinet.net

印刷 / 久裕印刷事業股份有限公司
製版 / 全印排版科技股份有限公司
總經銷 / 知遠文化事業有限公司
住址 / 新北市深坑區北深路 3 段 155 巷 25 號 5 樓
電話 / 02-26648800 傳真 / 02-26640490
網址：http://www.booknews.com.tw(博訊書網)

出版日期 / 2021 年 02 月初版一刷
郵政劃撥 / 19221780 戶名：種籽文化事業有限公司
◎劃撥金額 900(含)元以上者，郵資免費。
◎劃撥金額 900 元以下者，若訂購一本請外加郵資 60 元；
劃撥二本以上，請外加 80 元

定價：250 元

種籽
文化

種籽
文化